中华先锋人物
故事汇

# 彭士禄

祖国的儿子

PENG SHILU
ZUGUO DE ERZI

徐鲁 著

党建读物出版社　接力出版社

## 图书在版编目（CIP）数据

彭士禄：祖国的儿子/徐鲁著.—南宁：接力出版社；北京：党建读物出版社，2024.3

（中华人物故事汇.中华先锋人物故事汇）

ISBN 978-7-5448-8409-9

Ⅰ.①彭… Ⅱ.①徐… Ⅲ.①传记小说－中国－当代 Ⅳ.①I247.5

中国国家版本馆CIP数据核字(2023)第247215号

**彭士禄——祖国的儿子**

徐鲁 著

| 责任编辑：李文雅 陈 楠 |
|---|
| 文字编辑：曹若飞 |
| 责任校对：阮 萍 王 蒙 |
| 装帧设计：严 冬   美术编辑：高春雷 |
| 出版发行：党建读物出版社 接力出版社 |
| 地　　址：北京市西城区西长安街80号东楼（邮编：100815） |
| 　　　　　广西南宁市园湖南路9号（邮编：530022） |
| 网　　址：http://www.djcb71.com　http://www.jielibj.com |
| 电　　话：010-65547970/7621 |
| 经　　销：新华书店 |
| 印　　刷：北京科信印刷有限公司 |

2024年3月第1版　2024年3月第1次印刷

787毫米×1092毫米　32开本　5.5印张　77千字

印数：00 001—10 000册　定价：25.00元

**版权所有　侵权必究**

质量服务承诺：如发现缺页、错页、倒装等印装质量问题，可直接联系本社调换。

服务电话：010-65545440

# 目 录

写给小读者的话 ⋯⋯⋯⋯⋯⋯ 1

毁家闹革命 ⋯⋯⋯⋯⋯⋯⋯⋯ 1

一门忠烈 ⋯⋯⋯⋯⋯⋯⋯⋯⋯ 7

吃"百家饭"的孩子 ⋯⋯⋯⋯ 13

染血的河水 ⋯⋯⋯⋯⋯⋯⋯ 21

八岁的小囚徒 ⋯⋯⋯⋯⋯⋯ 27

活着、活着、活着 ⋯⋯⋯⋯ 33

小流浪儿 ⋯⋯⋯⋯⋯⋯⋯⋯ 41

第二次坐牢 ⋯⋯⋯⋯⋯⋯⋯ 45

小游击队员 ⋯⋯⋯⋯⋯⋯⋯ 51

前往革命圣地延安 ⋯⋯⋯⋯ 57

我要演八路军战士 ⋯⋯⋯⋯ 63

数学差生的倔脾气·············69

模范组的故事··············73

庄严的时刻···············79

三次留学的机会·············85

留学苏联的日子·············91

改行···················99

"09工程"···············105

"笨办法"················111

搁浅的大船···············119

深山老林摆"战场"···········123

劈波斩浪················129

不怕拍板的"彭拍板"··········135

"长征一号"核潜艇···········143

核电之光················149

无愧于先辈···············155

# 写给小读者的话

一九八七年,上海《文汇月刊》六月号上刊登了一篇报告文学作品,标题是《赫赫而无名的人生》。这大概是从事中国核潜艇设计和研制事业的总设计师、科学家们,第一次作为报告文学里的主人公出现在世人面前。

然而在当时,正如这篇报告文学的标题所言,所有从事中国核潜艇设计和研制的人都处在"隐姓埋名"的状态。即使作为这篇报告文学里所写的主人公,也只能用第三人称"他"来代替。

这篇作品里,记录了"他"这样一段话:"有位记者言过其实地说我是'核潜艇之父',我否定了。如果说,一定要给这个工程找出'父亲'的话，P同志就是一位。他解决了核堆的问题。苏联，先搞成地上核电站，再把核电站小型化，装上'列宁号'破冰船，然后再精微化，装上核潜艇。当时，我国没有陆上的核电站，要一步登上核潜艇，P提出按总设计要求在陆上先搞个与艇一样大小的核堆，称为陆堆，成功之后再装上艇。有不少人反对这个方案，说，如果一旦失控，就是一次原子弹爆炸。P论证了不可能，即使失控也不可能……我很钦佩P的卓越才能，还有我们整个工程的具体组织者Y少将及这个工程的办公室主任C，他们都作出了'父亲'式的贡献。广而言之，所有参加这个工程的人员都是导弹核潜艇之父。我们的武备系统也是令人自豪的，也是由常规综合出来的尖端！我们的核堆往艇上装时，也破了别人的纪录，人家要两三年，我们只用了一年！"

这段话里提到的"P同志"是谁呢？长期以来，一直是一个不为世人所知的秘密。无论是P同志、Y少将、C主任，都跟这篇作品的主人公"他"一样，他们是"赫赫的存在"，也是"无名的存在"。

多年之后，这些已经"解密"了。现在，大家当然已经知道了，这篇报告文学的主人公"他"，就是著名核潜艇研究设计专家、中国核潜艇第二任总设计师、中国工程院院士、共和国勋章获得者黄旭华。而黄旭华所说的为中国核潜艇"做出了'父亲'式的贡献"之一的"P同志"，就是与他一起奋斗过的同事和战友——中国著名核动力专家、中国核潜艇第一任总设计师、中国工程院首批院士彭士禄。

二〇二一年三月二十二日，新中国核潜艇事业的开拓者和奠基人、新中国核电事业的拓荒者和一代功臣彭士禄在北京逝世，享年九十六岁。

这一年正是全国人民隆重庆祝中国共产党成立一百周年的日子。五月二十六日，中共中央宣传部发布了彭士禄的先进事迹，追授他"时代楷模"称号。

这时候，全国人民都知道了彭士禄——这位新中国核动力科学家和"时代楷模"的名字。但是仍然很少有人知道,彭士禄童年和少年时代坎坷的经历。

他的父亲,是中国共产党的早期领导人、中国早期农民革命运动的先驱、老一辈无产阶级革命家彭湃;他的母亲,是彭湃的结发妻子、革命战友蔡素屏。

小士禄三岁时母亲牺牲,四岁时父亲就义。当时,国民党反动派扬言要对彭湃的后代"斩草除根",四处追查小士禄的下落。幼儿时,奶妈背着他东躲西藏。稍大一点儿后,当地的百姓为了保护烈士留下的根苗,把他从这个村藏到那个村,从东家转到西家,他自己都记不得改过多少次姓名了,所以后来他说自己从小姓的是"百家姓"。抚养过他的农家妈妈,如"山顶阿妈""潘姑妈""婶娘"等,也不知有多少位,所以他说自己从小是"吃百家饭"长大的。

八九岁时,他成了一名小囚徒,出狱后又成了一个流浪儿。十来岁时,他辗转进入抗日根据地,成了广东人民抗日游击队东江纵队的一名小游击队员。后来,周恩来总理得知小士禄的下落,就派人把他送到了延安,他很快就成了延安中学的一名模范生。

青年时代,他被国家挑选出来,送到苏联留学。学成回国,他全身心投入新中国核动力事业,成为新中国首任核潜艇总设计师、新中国核动力领域的开拓者和奠基者之一、中国工程院首批院士。

早些年里,有人也曾把彭士禄传奇般的一生,列成了一个奇特的"等式":小孤儿+小用人+小囚犯+绣花仔+小游击战士+模范学生+化工技术员+留苏学生+专家翻译+研究室主任+副教授+副总工程师+副院长+总工程师+副部长……=核动力专家。

全国政协原副主席、彭士禄少年时代在延安中学时的同学叶选平,在《我认识的彭士禄》一文里,这样评价道:

"彭士禄是中国农民革命运动领袖彭湃的优秀儿子,是烈士留下的一棵根苗,是革命的星星火种。他的父母双亲为了革命事业献出了自己年轻宝贵的生命。彭湃矢志不移奋斗终生的理想和信念，给彭士禄留下了无与伦比的精神财富。百姓们悄悄地把他从一家转移到另一家，用生命和鲜血保护了他。所以彭士禄总是说，他是老百姓花了很大代价才保护下来的呀！他对人民永远感恩。他无论怎样努力，都感到不足以回报老百姓待他的恩情……这是他一生都在燃烧自己、奉献自己的力量源泉。"

有人把彭士禄的一生，提炼成了三句话：

一个理想——为祖国的需要贡献一切；

两件大事——造核潜艇，建核电站；

三个心愿——一是期盼祖国早日拥有强大的核潜艇力量；二是期盼祖国早日成为核电强国；三是期盼祖国早日实现中华民族伟大复兴，早日圆了老百姓过上幸福生活的中国梦。

彭士禄自己也曾说，他这一生只干了两件事：造核潜艇，建核电站。他还说过："如活着能热爱祖国，忠于祖国，为祖国的富强而献身，足矣！"这是他留给后人的朴素而真诚的心声。

那么，亲爱的小读者们，想要了解彭士禄爷爷为了新中国的核潜艇事业、核电事业而奋斗一生的故事,就先从他光荣的父辈,从他一门忠烈的"红色家史"和"红色家风"开始吧。

# 毁家闹革命

农夫呀！醒来！

农夫呀！勿戆（gàng）！

地是天作，天还天公。

你无分，我无分，

有来耕，有来食！

无来耕，就请歇！

  这是二十世纪二十年代在广东海丰一带乡村流传很广的一首方言歌谣，大意是：农友们呀，快快觉醒吧！不要再蒙昧下去了！土地本来是大自然给予每个人的，老天也同样是属于每个人的，不是那些有钱有势的人能任意霸占的！谁肯耕种劳作，谁才应该有粮食吃！让那些不劳而获的剥削者，赶快滚到一边去吧！

歌谣的作者，就是被毛泽东称为"农民运动大王"的革命家、中国早期农民革命运动的先驱者彭湃。

彭湃是广东海丰人，一八九六年出生于一个工商地主家庭。在海丰一带，彭家是最富有的大户人家，约有一千五百名佃户。至于房屋田地，更是难计其数，因此彭家有"鸦飞不过的田产"之称。彭湃就是这样一位从大户人家走出来的革命者。

一九一七年，彭湃东渡日本求学。一九一八年，他考入早稻田大学政治经济科。一次偶然机会，一篇关于马克思主义学说的文章引起了彭湃极大的兴趣。而列宁领导的俄国十月革命，也像一盏明灯，照亮了他的心头。自此，他义无反顾地向着共产党人走的道路走去……

一九二一年，彭湃从日本回国后，出任海丰县劝学所所长（后改称为教育局长）一职。到任不久，他就大刀阔斧地革除了当地的许多旧规矩，鼓励农民和贫民的子弟、妇女等进学堂，甚至改革教育制度和教材，大大提升了广大农民的地位。

一九二二年，彭湃与五位农民成立了全国第一个农民协会"六人农会"。从此，他不惜成为彭氏家族的"千古罪人"，散尽家财，全身心投入共产主义事业之中。

他认为，真要干革命，首先要从"革"自己这个大地主家族的"命"开始。有一天，众多的农友聚在彭家大院里准备看戏班子的演出。开演前，彭湃当着众人的面，把手中的田契一把火烧了个干净，用实际行动鼓励广大农友起来反抗。

他毁家济民救国的举动，自然引起了家族的痛恨，家人骂他是"逆子"，说他简直是"发疯了"。彭湃也说："（家族中）除了三兄、五弟不加可否外，其余男女老幼都是恨我入骨，我的大哥差不多要杀我而甘心。"

担心他继续"败家"，家中的兄弟赶紧各自分产自立。彭湃就把自己分得的田契，亲手送给了佃户们。起初，佃户们谁也不敢要，他就把佃户们召集到自己家里，当众把田契烧毁，宣布："日后你们自耕自食，不必再交租谷了！"

一九二二年十月二十五日,海丰第一个正式农会——赤山约农会成立。加入农会的农友都获得了一张用红布制成的会员证,上面写着:"不劳动,不得食,宜同心,宜协力。"

农友们捧着会员证,一个个扬眉吐气。

彭湃故意问道:"农友们,天下怎样才会太平呢?"

有的农友笑着说:"我们的彭湃当了皇帝,天下就太平了!"

彭湃听了,连连摆手摇头说:"要不得!彭湃不能当皇帝,我们的天下也不是哪个皇帝的天下!只有我们的农友当家做了主人,天下才能太平!"

彭湃在家乡轰轰烈烈地开展农民运动,很快引起了中国共产党的关注,党组织随即派人和彭湃建立了联系。

一九二四年四月,彭湃正式加入中国共产党,并受党的委托,到广州开办农民运动讲习所,任第一届农讲所主任。

一九二七年八月一日,他参加了南昌起义,和周恩来等人一起组成前敌委员会。南昌起义失败后，周恩来和彭湃率军撤退。当年十月，彭湃率领的工农武装和工农革命军第二师发动了武装起义，攻克了海丰和陆丰县城，成立了县级苏维埃政府。

在之后的日子里，彭湃一直领导着这个红色政权，不断地与反动势力周旋、斗争，进行土地革命，狠狠地打击了当地反动势力的嚣张气焰。作为农民运动领袖的彭湃，早已成为国民党反动派的眼中钉，当时广东的大军阀陈炯明的残部，都对他恨之入骨。各股黑暗势力纠集起来，对海陆丰农民武装施行了疯狂的"围剿"。

一九二八年九月，彭湃的结发妻子、革命战友、时任广东省海丰县妇女解放协会主任的蔡素屏，不幸落入了国民党反动派之手。

九月二十一日，蔡素屏被反动派的武装人员五花大绑着穿过海丰县城大街，押送到刑场。沿途，蔡素屏昂首挺胸，不时高呼着口号："农会万岁！""中国共产党万岁！"

很多穷苦的乡亲含着悲愤的泪水，默默站立在街道两边，目送着这位英勇不屈、大义凛然的共产党员。

蔡素屏烈士就义时,年仅三十一岁。

这年冬天,这个红色政权顽强地维持了四个月之后,被各股黑暗势力"围剿"得七零八落,一部分人被迫转移到了大南山区,继续坚持斗争。

# 一门忠烈

一九二八年底,彭湃奉命前往上海,任中共中央农委书记、中央军委委员兼中共江苏省委军委书记。

一九二九年八月二十四日,彭湃在上海新闸路经远里开会时,因为叛徒的出卖而不幸被捕。

当时,党的地下组织秘密策划了一套全力营救彭湃和其他被捕同志的方案。执行营救方案的一支"红队"(即中央特科行动科),首先除掉了出卖彭湃的那个名叫白鑫的叛徒。然后,"红队"准备在押解的路上,伏击囚车,救出彭湃等人。

可是,就在囚车出现时,意料不到的事情发生了。"红队"负责采购枪支的人员一时大意,没有把新枪的防锈油清洗掉，结果新枪无法使用，秘密营救行动只好临时取消，大家只能眼巴巴地看着押解彭湃等人的囚车远去。

在监狱中，敌人用尽酷刑，彭湃却咬紧牙关，经受住了种种残忍的折磨。他义正词严地回答审讯的敌人："我们共产党是代表工农人民大众的！""只要我还有一口气，我就要为共产主义事业奋斗到底！"他鼓励自己的战友们："为了我们的子子孙孙争得幸福的生活，就是献出了自己的生命也是在所不惜的！"

他还和狱中的其他同志一起，给党中央写了一封信，表达他们要为党的事业与敌人斗争到底的决心：

冠生暨家中老少：

我等此次被白害，已是无法挽救。张、梦、孟都公开承认，并尽力扩大宣传。他们底下的丘及同狱的人，大表同情。尤是丘等听我们话之后，竟大叹气而捶胸者。我们在此精神很好。兄弟们不要因为弟等牺牲而伤心。望保重身体为要！

写给党中央的这封信，是以彭湃、杨殷两人的名义写的。收信人是"冠生暨家中老少"，"冠生"就是当时党在上海的领导人之一周恩来，"家中老少"指党内的同志们；信中的"白"指叛徒白鑫；"张"指张际春，"梦"指杨殷，"孟"指彭湃自己，当时彭湃化名孟安。

因为叛徒告密，张、梦、孟被捕后，公开承认了共产党员的身份。"尽力扩大宣传"指他们在狱中坚持宣传共产主义真理。"丘"指国民党士兵。

彭湃和杨殷都是中国共产党早期领导人，最初都在南方领导革命。两人是并肩作战的战友。临刑的早晨，彭湃和杨殷联名给中共中央写信报告狱中斗争的情况并提出营救同志的意见。随后，两人又联名给中共中央领导人周恩来写了这封信，简明扼要地向党中央报告了各同志被捕和对敌的口供，以及在狱中的斗争情况，表达了"我们在此精神很好""兄弟们不要因为弟等牺牲而伤心""望保重身体为要"的殷切嘱托。

就义前，彭湃感化了一个看守，让他带出了这封秘密书信。书信虽短，但字字千钧，让后世人看到了共产党人无惧牺牲、慷慨赴死，用生命捍卫坚定信仰的崇高情怀与坚贞节操。

彭湃又写信给第二任妻子许冰（又名许玉磬）：

冰妹：

从此永别，望妹努力前进。兄谢你的爱！万望保重！余言不尽！

你的湃

彭湃写给许冰的信，虽然只有短短的二十多个字，却纸短情深，殷切勉励许冰不要悲伤，保重生命，努力前进。革命者光明磊落、视死如归、舍生取义的崇高情怀，尽在"余言不尽"之中。

八月三十日，彭湃脱下身上的衣服，赠给狱中的战友，对着即将永别的战友和押送他们的士兵，做了最后的演说。

下午，他和一同被押赴刑场的战友杨殷、颜昌颐、邢士贞，唱着雄壮的《国际歌》，高呼着"中国红军万岁""中国共产党万岁"的口号，慷慨就义。

一代杰出的农民运动领导人彭湃,从被捕到牺牲仅六天,就义时,年仅三十三岁。

彭湃牺牲后,毛泽东、周恩来等许多与彭湃一起战斗过的共产党人,都感到十分痛惜。在彭湃就义一周年时,周恩来在一篇纪念文章中写道:

……革命领袖的牺牲,更有他不可磨灭的战绩,照耀在千万群众的心中,熔成伟大革命的推动之力,燃烧着每一个被压迫群众的革命热情,一齐奔向革命的火原!所以我们在死难的烈士前面,不需要流泪的悲哀,而需要更痛切更坚决地继续着死难烈士的遗志,踏着死难烈士的血迹,一直向前努力,一直向前斗争!

彭湃就义后,许冰继承彭湃等革命者的遗志,回到广东继续战斗。然而由于被叛徒出卖,许冰在被捕后也壮烈牺牲了。

受到彭湃"毁家闹革命"精神的影响,彭家人前仆后继,加入中国共产党,走上了革命的道路。一九八三年,民政部颁发给彭家的烈士证书竟有六份之多!

在第二次国内革命战争中,彭家的这六位烈士牺牲在反动派的屠刀之下,他们是彭湃及其两任妻子蔡素屏、许冰,还有彭湃的三哥彭汉垣、七弟彭述、侄儿彭陆。六位先烈牺牲时皆不满四十岁。

彭湃和蔡素屏牺牲时,他们的儿子彭士禄才三四岁。在小士禄还未能记事的年龄,他就永远地失去了父母,成了一个幼小的孤儿。

彭湃和蔡素屏牺牲后,惨无人道的国民党反动派到处叫嚣,对彭家人要"斩草除根","抓到一个杀掉一个,一个都不能留"!

在这样的"白色恐怖"笼罩之下,一个幼小的烈士遗孤,还能存活下来吗?

# 吃"百家饭"的孩子

"我三岁时母亲牺牲,四岁时父亲就义。奶妈背着我东逃西藏。不久,我被转移到潮州一带,开始过着姓'百家姓'的生活。我有二十多个'爸''妈',他们都是贫苦善良的农民,对我特别厚爱。平时他们吃不饱,我吃得饱;逢年过节难得有点鱼肉,我吃肉,他们啃骨头。最后,我住在红军哥哥陈永俊家,我叫他母亲'姑妈',还有姐姐,我们三个相依为命,过着贫寒生活。"

一九九六年,彭士禄七十一岁,写下了《彭士禄自述》,这是他的一段幼年回忆。

彭士禄出生于一九二五年十一月十八日。父母都在为着革命事业四处奔忙，小士禄在父母身边度过的日子并不多。

一九二六年二月，哥哥彭绛人四岁，小士禄不足一岁。这天，春光明媚，父亲彭湃难得陪伴他们，小士禄和哥哥亲昵地依偎在父亲怀里。这一珍贵、温馨的时光被定格了下来。父亲彭湃抚摸着照片上两个孩子的稚嫩脸庞，写下两行小字："彭湃及他的小乖乖，一九二六·二·二二。"这张照片也成了父亲彭湃留下的唯一合影纪念。

一九二八年，小士禄三岁时，母亲牺牲，四岁时父亲就义。

惨无人道的国民党反动派没打算放过烈士幼小的遗孤。他们四处搜寻小士禄的踪迹，还丧心病狂地针对这个幼小的孩子下达了"追杀令"，一心想要"斩草除根"。

有道是"为众人抱薪者，不可使其冻毙于风雪"，彭湃、蔡素屏被敌人杀害后，当地的贫苦农友们感念彭湃生前对他们的同情与照顾，感恩彭湃以天下为己任的家国大义，宁愿冒着惹上杀身之祸的危险，也要把小士禄秘密传递、保护起来。

一九三一年，小士禄六岁。这年夏天，彭湃的七弟，也就是小士禄的七叔彭述，正在香港从事党的地下工作。他得知年幼的侄儿士禄已经被家乡的农友们秘密保护起来的消息，悬着的心终于放了下来。

有一天，彭述化装成农民模样，秘密潜回家乡，找到小士禄，准备将他带到另一个"新家"。

小士禄早已习惯一个个"新家"。他跟着七叔登上了一条小渔船，最后到了汕头。

小士禄自然不明白，七叔为什么要把他带到汕头。

从地理位置上看，汕头比家乡靠近江西省。彭述把小士禄接到汕头，是想等待合适的时机，把他送到江西瑞金中央革命根据地，即中央苏区，那里才是这个革命烈士后代的"新家"。

在汕头，小士禄仍然处在随时会被反动派搜查、抓走的危险之中。当时，国民党反动派到处放出消息，恐吓当地百姓："谁敢收留和包庇彭家人，以重罪论处！"

然而，"疾风知劲草"。烈士们亲手点燃的革命火种，岂能被国民党反动派轻易扑灭？被彭湃等革命者高举的火把照亮了心头的穷苦百姓，岂能被国民党反动派的嚣张气焰吓倒？汕头的乡亲们也横下一条心来，要保护好彭湃烈士留下的根苗。

于是，小士禄在汕头又过起了从东家到西家、从南村到北村吃"百家饭"、穿"百家衣"的生活，也就有了后来彭士禄说到的"过着姓'百家姓'的生活"和"我有二十多个'爸''妈'"的记忆了。

像传递一根接力棒，小士禄已经记不清自己被传递过多少户人家，变换过多少次姓名，喊过多少位农民"爸""妈"。在他童年的记忆里，仅仅在潮汕一带，他就有过二三十位"父母"，至于兄弟姐妹，那就更是数不清了。

东躲西藏、担惊受怕、连姓名都要不断更换的日子，实在是难熬啊！

有一天，乡亲们又给小士禄找到了一个比较安全的"新家"。当地有一户农家住在一个偏僻的山顶上，山间只有一条弯弯曲曲的羊肠小道可以通往山顶，而外来的人一般很难发现这条羊肠小道。

吃"百家饭"的孩子

这户农家的主人是一位善良的农妇,小士禄喊她"山顶阿妈"。

"阿仔,听阿妈的话,白天就在山上的林子里玩耍,可不能跑远了,让阿妈担心呀!"几乎每天醒来,山顶阿妈都要这样叮嘱小士禄。

小士禄也使劲地点头,牢记着阿妈的话。

小士禄是个乖觉的孩子,他会帮着阿妈在附近打点柴火,挖点竹笋、野菜过活。就这样,他安稳地在这里住了一阵儿。

直到有一天,意料之外的事情发生了。平时一直小心谨慎的阿妈顿时警觉起来:不知什么时候,那条羊肠小道边居然躺着一个人。可是这里经常连个人影都看不见,怎么会出现一个人呢?

敏感的阿妈立刻意识到,这里肯定被人注意到了,阿仔继续住在这里,恐怕夜长梦多!

于是,阿妈赶紧下山,向乡亲们通报这件事,说出她的担忧。

乡亲们商议后,为安全起见,决定把小士禄接回山下。山下门户众多,小士禄藏在千家万户的"人海"里,也许比藏在孤零零的山顶人家里更安全。

　　这样，小士禄又回到了山下的人家里，就像一条小鱼又回到了宽阔的河流。

# 染血的河水

韩江,古时候称作"员水",后来又称"恶溪",发源于广东、福建、江西三个省份交界的山区,上游由源于广东省河源市紫金县上峰的梅江与源于武夷山区的汀江汇合而成,下游流经潮汕一带,呈扇形分为三条支流。东北面的一条支流名叫北溪,中间的一条支流称为东溪,西面的一条支流就是西溪。

韩江是潮汕人的母亲河。它的三条支流又分出若干细小的河溪,在韩江下游的平原上,形成一张密集的水网,滋育着这里的万物生灵。

小士禄离开山顶阿妈家后,又被秘密地收养在汕头金砂乡一户姓杨的农家里。这户人家的主人叫杨嘉清，小士禄喊他"阿爸"。杨家有个儿子，名叫杨阿孙，年纪比士禄大一点儿，士禄就叫他"阿哥"。

阿爸每天带着小哥俩，驾着一条小船，在离家不远的一条小河上撒网打鱼，勉强可以糊口。

善良的阿爸待小士禄如同亲生的孩子，可疼爱了。有一次，小士禄跟着阿爸经过一个果园，看到树上的广柑熟了，馋得不行。阿爸看在眼里，立刻用刚打到的一条大鱼，从果园主人那里换回了几个熟透的广柑。

这里的广柑，还有个名字叫"潮柑"，皮薄、汁多、味道甘甜。这是小士禄第一次吃到又甜又多汁的潮柑，从此无法忘记它的味道。一直到老年，他还时常回忆起杨阿爸用一条大鱼换回美味潮柑的事。

还有一天，小士禄正跟着阿爸在河上打鱼，只见从远处急匆匆地走来一个熟悉的身影。这个年轻人名叫陈永俊，是红军在当地的一位秘密交通员。小士禄和杨阿孙平时都叫他"永俊阿哥"。

永俊走到阿爸身边，对着阿爸耳语了几句，然后低声告诉小士禄："阿弟，好消息来了！"

原来，是"山那边"派人来了，要带小士禄回"家"了。永俊阿哥和杨阿爸口中的"山那边"和"家"，指的正是在江西瑞金的中央苏区。

不久，果然有两个打扮成采购山货的商人的陌生叔叔，悄悄来到了杨家。两个叔叔给小士禄带了好几件不同颜色的衣服，其中有一件还是小姑娘穿的花衣服。

"路上要是遇到有人盘问，切莫惊慌，就说是跟着阿爸和阿哥出门打鱼的，顺便要去一趟外婆家。"两个叔叔叮咛小士禄，"我们两个的身份是过路搭船的商人，你要装作不认得。"

这些年东躲西藏的生活早已教给了小士禄不少"斗争经验"，他使劲地点着头，把叔叔的话记在心里。

可是，当阿爸的小船载着小士禄和两位叔叔驶到留隍这个地方时，还是遇上了大麻烦。

原来，这是一条从广东通往苏区的必经水路，反动派在这里设置了检查关卡，对过往的每一条小船和人员都查得很严，包括一些做买卖的商人。

这次，杨阿爸驾驶的小船没能幸运地通过

关卡。

两位叔叔随身携带着一封党组织介绍他们进入苏区的信件。出于安全考虑，他们事先把介绍信折叠起来，塞进了船帮的板缝里，但信最终还是被三个荷枪实弹的哨兵搜查了出来。

紧急关头，为了保护小士禄，这两位叔叔只好"引狼扑身"，转移敌人的视线。两位叔叔，还有阿爸和阿哥，很快就被敌人绑住了。

"小弟弟，听话，只要你供出这两个人的身份，我们马上就放了你的阿爸和阿哥。"敌人显然是想从小士禄这里套出点什么话来。

可小士禄牢记着两位叔叔对他的叮咛，任凭敌人怎样盘问，都一口咬定，他和阿爸、阿哥都不知道搭船的是什么人。

敌人无计可施，只好把阿爸、阿哥放了，可那两位叔叔却被敌人带走了。

七天之后，永俊阿哥从外面带回了一个不幸的消息：两位叔叔被国民党反动派押解到梅县杀害了！烈士的鲜血洒进了呜咽的韩江，染红了奔流在这片土地上的河水……

多年之后，彭士禄才从党组织那里得知，当年那两位准备护送他到苏区去的年轻叔叔，一位名叫张国星，一位名叫林甦（sū），他们都是中共东江特委的地下组织成员。

当时国民党反动派四处悬赏捉拿彭家人，这两个年轻人被捕后，只要肯供出彭士禄的真实身份，他们不仅可以活命，还能领到一笔丰厚的赏金。但是，他们宁肯牺牲自己年轻的生命，也没有向反动派供出半点线索。所以，彭士禄经常动情地说："我的生命是革命同志和老百姓用鲜血和生命换来的。"

# 八岁的小囚徒

党组织想把小士禄转移到苏区去的计划,暂时无法实施。小士禄只好又跟着杨嘉清阿爸和杨阿孙阿哥,回到了金砂乡的家里。

在留隍关卡,他们已经被敌人盘问过,陈永俊担心小士禄继续住在杨家会引起敌人的注意,所以和杨阿爸商量,事不宜迟,必须立马把小士禄从杨家转移到自己家中。

陈永俊住的那个村子,名叫陈村。陈村的周边还有另外几个姓氏的小村子。陈永俊想:万一遇到紧急情况,他也可以把小士禄尽快从陈村转移到邻村去。

永俊的妈妈名叫潘舜贞,小士禄喊永俊的妈妈为"姑妈"。永俊还有一个妹妹,比小士禄大三岁,小士禄就叫她"阿姐"。

永俊是红军的秘密交通员,白天几乎都在外面奔波,为党组织和红军收集情报、传递消息,到深夜里才能回家歇歇脚。

有时候,夜深人静,永俊还会带着一两个陌生人悄悄回到家里歇一夜。小士禄知道,永俊阿哥带回来的都是"自己人"。

有好心的姑妈和阿姐照顾,小士禄在陈村度过了一段衣食无忧、备受疼爱的日子。

姑妈和阿姐都会刺绣,经常到镇上的大户人家领回一些刺绣活儿,按期做完后换回一些零钱,作为全家人的生活用度。

小士禄七岁那年,姑妈和阿姐用起早贪黑做刺绣活儿省下来的钱,把小士禄送进了当地的一个小学堂念书识字。

因为生活拮据,阿哥和阿姐都没有进学堂念过书,姑妈却把小士禄这个烈士遗孤送进了学堂。这是一种多么无私的情义啊!彭士禄在往后的岁月里,每每想到这些事,心里总会涌起无限的感恩之情。

然而，好景不长。

一九三三年九月四日，正是农历癸酉年七月十五日。这天一大早，天刚蒙蒙亮，一大帮"恶鬼"就突然包围了陈村，有几个"恶鬼"还端着长枪，吆五喝六，直接闯进了陈永俊家。

这帮"恶鬼"就是国民党反动派的匪兵们。

原来，"自己人"中竟然出了一个叛徒。这个叛徒卖身求荣，出卖了陈永俊，供出他中共地下交通员的身份。这帮国民党匪兵就是前来捉拿陈永俊的。

幸运的是，当晚陈永俊没有回家，躲过了一劫。

敌人不死心，就把小士禄和姑妈、阿姐，还有与姑妈家沾亲带故的其他几户亲戚都抓走了。

当时，国民党反动派为了所谓"地方治安"，在乡村里实行"五家联保"管理制度：只要有一家"犯了事"，其他"联保"的五家都要承担连带责任。

敌人把姑妈、阿姐、小士禄和"联保"的亲戚们，都押送到了乡公所。敌人经过几次审问，也没有问出名堂来，只好把其他人都释放了，只留下姑妈和小士禄。他们把这一老一小押到了潮安县监狱，继续审问。

年仅八岁的小士禄成了一个小囚徒。本来他应该被关进男牢房，因为年龄太小，敌人只好把他和姑妈一起关进了女牢房。

没想到，刚被推进了黑黢黢的牢房，小士禄就听见了一个熟悉的声音："这不是阿仔吗？我的好乖乖，他们把你……唉，这帮丧了良心的人！"

小士禄和姑妈都没想到，山顶阿妈也被敌人抓了进来。就这样，小士禄在敌人的监牢里和两位妈妈相聚了。

这段意外相聚的监狱时光竟让小士禄感到了幸福。他说："真有幸，竟有两位妈妈护着我坐牢，生怕我受饥寒。姑妈是那么善良，忍受着残酷审讯的痛苦，宁把牢底坐穿，也不供认我是彭湃的儿子。多么伟大的女性啊！男女牢房几百位难友见我衣衫破烂，共同凑钱给我做了一件新衣裳，我穿上了'百家衣'。"

几个月后的一天，敌人突然打开牢门，要把小士禄单独带走。

两位妈妈不约而同地想到：小士禄的真实身份是不是被他们摸清了？这是要把他带出去枪毙吗？

这个孩子是两位妈妈一口粥、一寸衣养育过的，就如同自己亲生的孩子一样。这会儿，她们却要眼睁睁地看着小士禄被强盗们活生生地拉走，生离死别，怎能不悲痛欲绝？

姑妈的哭声、山顶阿妈的哭声、女监里其他难友依依不舍的哭声和抗议声，响成了一片。

最终，在一片哭喊声里，小士禄还是被带走了。

等待着这个无助的小囚犯的，会是怎样的命运呢？

# 活着、活着、活着

位于汕头海湾入口处的石炮台是清代粤东地区的主要海防建筑。老汕头人习惯称它为"石炮台",又叫"崎碌炮台"。这是一座用巨石砌成的坚固炮台,墙体用贝灰沙等夯筑,再用一块块巨大的花岗岩砌筑而成。作为炮台,可以说它坚不可摧。

石炮台始建于一八七四年,历时五年,于一八七九年竣工。炮台呈现巨大的圆环形城堡样式,双层的夹墙中间设有供驻守炮台的士兵值班和居住的炮巷。

后来,这座"城堡"作为炮台的功用不存在了。一九二四年后,炮台下的炮巷变成了汕头的一座监狱。

八岁的小士禄被带出潮安县监狱后,没有像两位妈妈所担心的那样,遭到反动派的枪杀,而是被关进了汕头的石炮台监狱。

彭士禄还记得,他一进监狱,就被勒令站在一道黑布帘子后面,咔嚓一声,照了一张相。

不到半岁时,他曾依偎在爸爸怀里照过一次相,但那时候他还不到记事的年龄。这一次在石炮台监狱里照相,他是记得的,但为什么要给他照相呢?他那时并不明白。

后来过了二十多年,彭士禄的堂弟彭锡明给他复印了一份一九三三年某日的报纸。报纸上刊登了一篇国民党反动派的宣传文章《南山剿匪记》,配图正是八岁的小士禄刚被押送到汕头石炮台监狱时拍下的照片。小士禄穿的那身衣服正是潮安县监狱的难友们凑钱为他缝制的"百家衣"。报纸还特意注明"共匪彭湃之子被我九师捕获"等字样。

彭士禄才恍然大悟,当年给他拍的照片,原来是国民党反动派为了做反共宣传用的。其实,反动派当时并没有获悉小士禄的真实身份。他们这样做，无非是一种卑劣的欺诈手段，企图用一张图片来蒙骗民众，让民众相信这个小囚徒就是彭湃的儿子，以此恐吓民众，打击当地的农民运动。

一段新的监狱生活又开始了。

比起在潮安县监狱有两位妈妈陪着坐牢的日子，石炮台监狱的生活可难熬多了！这里的伙食很差，发放的食物常常是一小碗发霉的米饭和一筷子下去没有半点油花儿的烂菜叶；卫生条件更差，囚犯经常染上疥疮、疟疾等疾病，病死也时有发生。

小士禄每天挨饿受冻，头昏眼花，身体越来越虚弱。不久，小士禄也染上了疾病。一个多月里，他发着高烧，浑身抽筋，甚至烧得说起了胡话。可以说，小士禄的生命就像冬天旷野上的一朵快要被冰冷风雪摧残的小野菊，处在九死一生的边缘。

好在这座监狱里的难友，有的是革命者，有的是同情共产党的正直人士。一位满头白发的爷爷甚至从报上记住了小士禄的模样，暗暗猜想，这个小难友或许真的是彭湃的儿子。于是，这位爷爷用温暖的双手抱起蓬头垢面、骨瘦如柴的小士禄，匀出

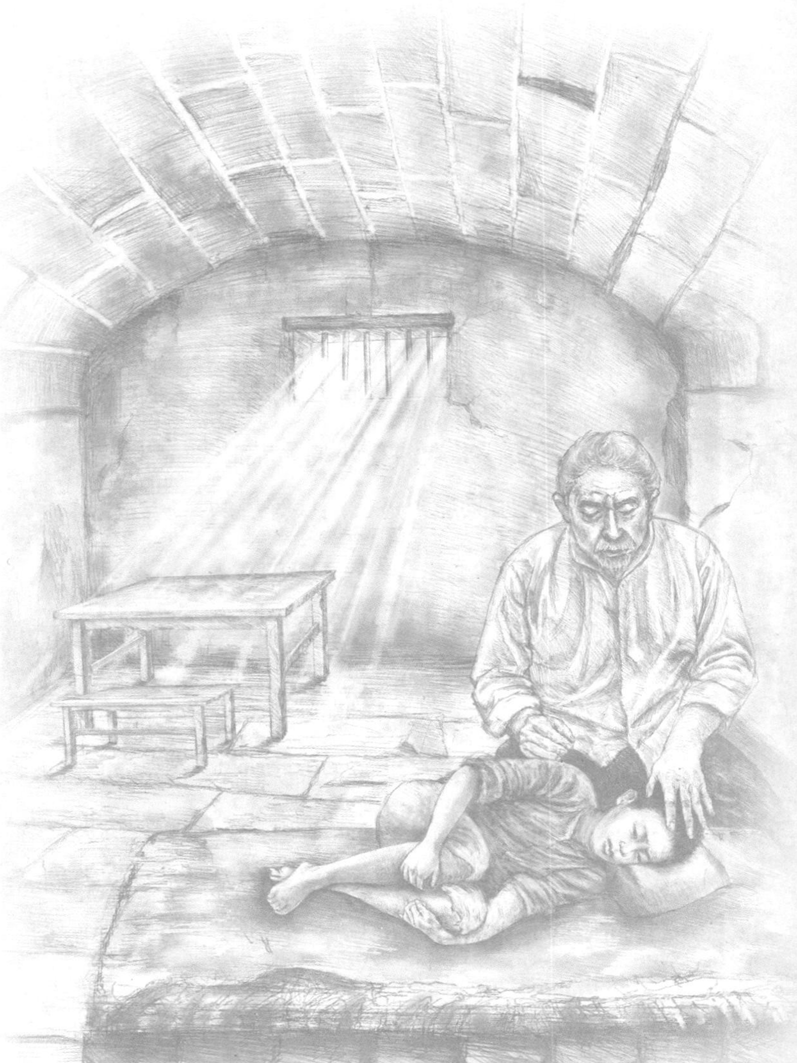

本就不多的食物，尽一切可能照顾他。

在风雪里奄奄一息，又在温暖中重获生机。小小年纪的士禄，内心又重燃希望，强忍着病痛的折磨，坚强地活着、活着、活着！

终于，他挺过了生关死劫！不过，一场大病还是让小士禄稚嫩的身体受到了严重的损害，双腿肌肉萎缩无力，几近瘫痪。

不久，反动派又把他从石炮台监狱转到了广州感化院。

革命，总是十分艰难的。要奋斗，就会有牺牲。其间，小士禄一直惦记的永俊阿哥，还有他十分想念的七叔，先后都在国民党反动派"围剿"大南山根据地的战斗中，献出了年轻的生命。

大南山腹地的山区，层峦叠嶂，洞深林密，最早由彭湃、徐向前等革命家开辟出来。第二次国内革命战争时期，中共东江特委在这里创建了大南山革命根据地。

从一九二八年至一九三五年，大南山革命根据地的红军队伍和当地农民武装一起，坚持了长达七年之久的革命斗争，为在江西省的中央苏区构筑了一道牢固的"南方屏障"。

但是,革命之火越是烧得旺盛的地方,越是容易引起国民党反动派的恐慌和疯狂反扑。

从一九三二年三月开始,国民党反动派不断派出军队,一次次对大南山根据地实施"围剿",真是达到了"每一块岩石要过刀,每一丛茅草要过火"的疯狂程度。很多共产党员和跟随着共产党的进步农民,甚至无辜的百姓,都遭到了屠杀。原有的五百多名党员,仅七十二人幸存。

在小士禄和姑妈被国民党反动派抓走后,陈永俊无法再回到陈村一带,就去了大南山根据地,参加了大南山游击队。

有一天,在敌人的搜山"围剿"中,陈永俊带着十几个游击队员拼命抵抗,最终却没能突围出去……

噩耗接连发生。不久,小士禄的七叔彭述也在国民党反动派对大南山根据地的一次铁桶般的"围剿"中,不幸陷入敌阵,壮烈牺牲了。

年轻的彭述、陈永俊和众多年轻游击队员的鲜血洒在了大南山上高高的芭茅草丛中,染红了这片战斗的泥土,也浇灌着泥土下像坚韧的芭茅草一样生生不息的革命之根。

这时在感化院里,小士禄也像一株小小的芭茅草,正顽强、坚韧地生长着。

# 小流浪儿

小士禄在广州感化院生活了近一年，国民党反动派始终没有从他口中获得任何有用的信息。最终，小士禄收到了遣返通知。

茫茫人海，举目无亲，小士禄能去哪里安身呢？

站在人来人往的码头上，小士禄想来想去还是决定回汕头去找姑妈和阿姐，或是找到山顶阿妈。

就像一个无家可归的小流浪儿，小士禄一路风餐露宿，吃的是番薯叶，喝的是稻田里的脏水。他依稀记得，只要沿着铁道线走，就能走到汕头的金砂乡，到了金砂乡就能找到姑妈家。他一边走一边打听，不记得走了多少日子，总算找到了姑妈家。

可是，出现在他眼前的是一个杂草丛生、破旧不堪的小院子，门上还挂着一把生锈的大锁。显然，小院子的主人很久没有回来了。

"姑妈，阿姐，你们都到哪里去了呀？"

这一刻，小士禄陷入了深深的绝望中。

在反动派的监狱里，在持续的高烧和疾病的折磨中，在感化院里，在沿着铁道线流浪和跋涉中，在独自又累又饿地走着的茫茫黑夜里……他都没有放声大哭过。

这一刻，当他满怀希望，吃尽苦头，终于找到姑妈家，却看到这样一番凄凉的景象时，他再也忍受不了内心的委屈和绝望！他整个人瘫软下来，坐在空荡荡的门前，禁不住号啕痛哭。

唉，这个小小的、无助的孩子！多年来藏在心中的辛酸、委屈、孤单和忧愁，还有对亲人们的思念，汇成一条小河，在"开闸"的瞬间奔涌了出来。

他哭得那么伤心，小小的、瘦削的肩膀在颤抖，连长在院子里的那些野草好像都在为他难过，纷纷垂下它们的枝叶。

不一会儿，循着哭声，有个上了年纪的阿婶走了过来。

"你是谁？怎么一个人在这里哭？"

小士禄听见声音，赶紧擦了擦眼泪，抬头一看，又惊又喜，大声叫道："婶娘，你是婶娘吗？"

婶娘仔细一看，惊叫道："哎呀，这不是阿弟吗？真的是你吗？"婶娘简直不敢相信自己的眼睛，快步上前，一把拉过小士禄，上下打量许久，顿时泪水涟涟，"孩子，你还活着呀！你这是多大的命啊！"

这位阿婶是陈永俊的婶娘。小士禄住在姑妈家时，他也跟着永俊阿哥和阿姐喊她"婶娘"。国民党反动派来陈村抓永俊阿哥的时候，这位婶娘也因为"五家联保"被一起抓到乡公所关押了几天，后来和阿姐一起被释放了。

小士禄这才从婶娘口中得知，永俊阿哥壮烈牺牲在大南山区，姑妈至今仍然被关在潮安县城的监狱里。

婶娘和阿姐被放出来后，在陈村无法安身，一起流浪到外地，靠讨饭为生。

"那……我阿姐呢？"小士禄着急地问道。

"有一次，我们在外乡走散了，我就再也没有……没有她的消息了。"婶娘满脸痛苦和愧疚地说道。

"姑妈知道永俊阿哥和阿姐的遭遇，她心里该有多么难受啊！"小士禄不禁捏紧了小小的拳头，眼睛里好像在喷着愤怒的小火苗，"这个吃人的世道，太不公平了！"

是啊，残酷的生活，不公平的社会，这个小小少年仿佛在一瞬间又长大了许多！

"阿弟，你还能摸索着找回家来，就是老天有眼！莫怕，你姑妈不在，还有婶娘在！"

"婶娘，我想去看望姑妈……"

"好，好，婶娘一定会带你去。"

天无绝人之路，小士禄又被这位婶娘收留了，跟着婶娘过起了靠乞讨为生的日子。

# 第二次坐牢

阴森森、冷冰冰的潮安县监狱是小士禄一想起来就心有余悸的地方。为了探望姑妈,他再次回到了这里。

小士禄跟着婶娘站在探监的栅栏外,看到姑妈从里面走出来的一瞬间,小士禄迫不及待地高声哭喊:

"姑妈——姑妈——"

姑妈愣住,恍如梦境,简直不敢相信自己的眼睛!

"你是……阿弟?真的是你吗?你还活着!"

姑妈扑了过来,隔着栅栏,紧紧地抓住小士禄的两只小手,抚摸着他的头发、脸庞、肩膀、胳膊，一遍又一遍……

"我的好乖乖！姑妈想你快想疯了呀！"

"姑妈，你看，我还好好的！"小士禄努力地朝栅栏里面伸着手，给姑妈擦着眼泪。

"苦命的阿弟，你真是姑妈的好乖乖！你还活着，这是老天有眼！"

小士禄生死未卜、儿子牺牲、女儿失散，悲痛日夜啮噬着姑妈的心！小士禄目不转睛地看着姑妈，姑妈皱纹多了，鬓发白了，瘦骨嶙峋。

"姑妈，你什么时候能出来？"小士禄带着哭腔问道。

"阿弟，你别担心姑妈，好好听婶娘的话。姑妈出去了，就接你回家。"

探监允准的时间到了。隔着冰冷的栅栏，小士禄依依不舍地松开姑妈的双手，哭着说："姑妈，你要早点出来呀！"

可是，小士禄怎么也没料到，他还没等到姑妈走出监牢的日子，一九三六年夏天，自己竟然又被抓进潮安县城监狱。

这一年，彭士禄十一岁。第二次入狱，他被关进了男牢房。先前就认识他的难友,都感到十分惊讶:几年不见,这个小家伙怎么又被抓进来了?

很快,好心的难友把小士禄又被抓进来的消息告诉了姑妈。

震惊之后,姑妈忧心忡忡:这一次恐怕凶多吉少!吃人不吐骨头的国民党反动派,莫非真的要把彭家人赶尽杀绝?

姑妈时刻提心吊胆,为小士禄的命运担忧着。

有一天,狱警突然把姑妈和小士禄押出来,带到了一个审理案子的厅堂里。

小士禄走到这里,刚一抬头,就看见一位装束整洁的老妇人,情绪激动地站起来,朝着他奔过来,口中还大声叫喊着:"我的乖孙儿!我是祖母呀!"

祖母?这位老妇人真是小士禄的祖母吗?

这是怎么回事呢?

原来,看到国民党报纸上刊登的"共匪彭湃之子被我九师捕获"的消息和照片,身在香港的祖母辗转打听到了小士禄的下落。与此同时,党的地下组织也一直在设法营救小士禄。

第二次坐牢　47

后来，党的地下组织与小士禄的祖母取得联系，安排祖母找到彭湃留学日本时的同窗好友、正直的民主人士陈卓凡。陈卓凡当时正在政府担任文职，通过他的帮忙，大家总算在潮安县城监狱找到了小士禄。

党的地下组织和小士禄的祖母计划祖孙二人在公堂上相认后，由祖母作为监护人，把小士禄保释出狱。

令大家万万没想到的是，小士禄在公堂上竟然不愿与祖母相认！

祖母只好拿出证据，说道："我的孙儿右脚心有颗血痣。"

经过当场验证，祖母所说的属实，可是小士禄还是坚决不肯相认。

这又是怎么一回事呢？

原来，小士禄有自己的心事。他想，如果祖母把他接走了，姑妈孤身一人，谁和姑妈做伴呢？

一时间，公堂没有理由让祖母带走小士禄，只好暂时退堂。

返回监牢的路上，姑妈小声询问士禄："阿弟，你和姑妈说实话,她到底是不是你的奶奶?"

"姑妈,她是我的奶奶。永俊阿哥不在了,阿姐也不见了,我不愿留下姑妈一个人受苦!"

姑妈听了小士禄的话,心里五味杂陈,真是又欣慰又难受。

"好乖乖,你还小,日子还长着呢,可不能一直跟着姑妈过苦日子。听姑妈的话,下次一定要和奶奶相认,离开监狱!"

好不容易找到孙子,小士禄的祖母也决不会把他留在这里。几天后,开了第二次堂。

# 小游击队员

"阿弟,你还小,留在监牢里,且不说照顾不了姑妈,还白白误了念书。再说了,夜长梦多,留在这里,姑妈也保护不了你呀!所以你得赶紧跟着奶奶出去,过上正常的生活。等你长大了,有出息了,再来救姑妈,照顾姑妈也不迟。"

经过姑妈苦口婆心的劝说,小士禄终于被说服。公堂再次宣判:小士禄被释放,由祖母带回。

一九三六年夏天,士禄含泪告别姑妈和监牢里的难友们,走出了阴森森的监牢,获得了自由。士禄一出狱,党的地下组织就安排他跟着祖母马不停蹄地赶回香港。士禄终于过上了一段安稳的生活。

到了香港，祖母就把他送去圣约翰书院念书。十二岁才开始读书，士禄深知自己起步太晚，为了追回失去的读书时光，他勤勤恳恳，孜孜不倦。

一九三七年七月，卢沟桥事变爆发，日本帝国主义悍然发动了全面侵华战争。八月十三日，日本侵略者对上海发起了进攻。十二月，日本侵略者又攻占了南京，成千上万手无寸铁的无辜同胞惨遭杀戮。

南京陷落后，日本侵略者加紧了对武汉三镇狂轰滥炸的步伐。武汉危在旦夕！

为了保卫武汉，中共中央长江局组织领导了大规模的宣传动员活动。武汉各界民众纷纷拥上街头游行，献金救国，掀起了民族救亡热潮。

全国多地都派出了学生代表团，纷纷前往武汉。武汉的童子军也积极参与抗日救亡运动，武汉三镇街头到处可见童子军们演出街头剧、分发抗日宣传单、为前方抗日将士募集捐款的身影。

中国人民奋起抗战的烽火，正在中国的大地上熊熊燃烧！

这时，少年士禄再也无法循规蹈矩地坐在学校里安心念书。报纸、电台里关于全国人民万众一心抗战救国的消息源源不断地激荡着这个少年的心，带着他的思绪一次次飞向远方……

士禄有一位堂哥，名叫彭雄，当时正在东江纵队游击队担任队长。

堂哥偶尔会来香港看士禄和另一个年龄更小的堂弟彭科。每次，堂哥都会绘声绘色地给他们讲述战斗故事。"如果我也能像堂哥一样，拿起枪来保卫国家，该有多好啊！"士禄羡慕极了。

转眼到了一九三九年夏天，圣约翰书院放了暑假。祖母要回海丰老家办些急事，临时把士禄托付给彭湃生前的一位好友，著名爱国民主人士彭泽民照看。

这位彭伯伯哪里会想到，士禄早有了自己的打算。原来，士禄已经和堂弟彭科秘密约定，一有机会就立刻离开香港去找堂哥，参加他们的游击队。

祖母一走，机会来了！

两个热血少年悄悄卖掉了一些书本和日常物品，凑钱买了两张儿童船票，登上了一艘轮渡，直奔东江纵队所在的惠阳平山镇……

彭士禄晚年谈到这段经历时说："由于在香港受到轰轰烈烈的抗日救亡运动的影响，心里痒痒的，横了一条心，毅然与堂弟偷偷逃离香港，奔向惠阳平山，参加抗日游击纵队，以图救国、救家、救百姓。"

一九三九年七月里的一天，两个少年几经辗转，终于到达平山镇的山区，找到了东江纵队的驻地。

两个小堂弟突然出现在堂哥彭雄面前时，可把这位年轻的游击队长吓了一跳。

"你们从哪里冒出来的？你们不怕死吗？"彭雄问道。

"如果怕的话，就不会来找堂哥啦！"两个少年笑着回答。

"你们都没有一支马枪高呢！"

"爱国不分先后，抗战还讲究谁高谁矮吗？"

"在游击队里的日子很苦，每天都要行军，吃的是番薯、野菜……"

"还能比坐牢苦吗？"少年士禄坚定地说道。

堂哥彭雄见堂弟们决心已定，只能带着两人见了司令员曾生。

司令员问清了他们的身份和来意,笑着对彭雄说:"我们的革命事业后继有人哪!"然后,司令员又拍了拍两个少年的肩头,说,"欢迎你们加入游击队!"

少年士禄和少年彭科正式成了小游击队员。他们一人领到一支枪,被安排进了游击队里的特务队。在东江纵队抗日游击队里,他们像小小的浪花汇入了波澜壮阔的抗日洪流之中。

# 前往革命圣地延安

少年彭士禄在东江纵队抗日游击队里的军旅生涯不算长,只有半年。那么,他为什么又离开了游击队呢?

这得重新回到香港,从大家发现他和堂弟突然失踪开始说起。发现士禄和堂弟不见了之后,彭泽民一家与在香港的其他彭家亲友都焦急万分,四处寻找,担心他们遭遇不测。万一无法寻回两人,该怎么向祖母交代?又如何向党组织交代?

大家分头在香港、汕头打听,仍然没有半点消息。

这时,士禄在游击队里不幸染上了严重的疟疾。因为在牢狱里生过大病,落下了严重的后遗症，所以实际上士禄的身体很难适应游击队里的艰苦生活。酷暑时节，山区疟疾频发，他很快就病倒了，一会儿发起高烧，一会儿又浑身发冷。

"这怎么行？游击队里的条件，连壮实的成年人都有些吃不消，何况还是个娃娃兵？"曾生司令员得知情况，责成彭雄尽快与香港取得联系，让他们迅速派人过来，把这个娃娃兵接回香港治病。

直到这时，在香港的亲戚朋友才获知了士禄和彭科的下落。大家做梦也没有想到，他们竟然去惠阳平山镇参加了抗日游击队！

"不要命的小祖宗哎，骨子里真是流淌着彭家人的血啊！"他的祖母闻讯后不禁感叹道。

当时，香港中共地下组织的负责人名叫连贯。出于安全考虑，党组织派出交通员把士禄接回香港，安排住在连贯家里，由连贯夫人代为照顾。在连夫人如母亲般地精心照料下，士禄的身体迅速恢复。

十四五岁正是读书的年龄。待士禄完全康复后，党组织又把他送进了一所名叫九龙南方书院的中文小学，继续念书。

士禄在圣约翰书院只读到了小学二年级。现在，他已经快十五岁了。考虑到他的年龄，党组织只好安排他跳级，从五年级读起。

圣约翰书院的课程都用英语授课，在那里念书时，士禄主要学习英语，汉语基础薄弱。现在就读中文小学，汉语这一课正好可以补上。

一九四〇年冬日的一天，地下组织的一位叔叔悄悄通知士禄："阿弟，赶紧收拾衣服，党组织要把你和另外几个年龄相仿的少年送到远方的'新家'里去，你们将开始新的生活……"

"远方的'新家'？"士禄好奇地睁大眼睛，"去哪里呢？"

叔叔拿出一张地图，指着地图上西北的一角，微笑着小声说道："这里——延安！周伯伯派来接你们的人已经到了广州……"

"周伯伯？"士禄不敢相信自己的耳朵。他从连伯伯、连妈妈等人的口中，早已熟悉周伯伯。

原来，当时正在重庆的周恩来得知士禄的消息后，非常激动，急忙派出自己的副官龙飞虎前往广州，准备把士禄先带到重庆，然后再择机送到延安去。

于是,十五岁的彭士禄告别了亲人、老师和同学,由龙飞虎等人带领,经过桂林、贵阳等地,辗转到达了山城重庆。

和士禄同行的还有二十多人,他们有的是中共地下党组织的干部子女,有的是烈士遗孤,还有的是从马来西亚等国家回到祖国参加抗战的华侨青年。

一九四〇年底,这批"党的孩子"和爱国青年被安全送到了延河之滨、宝塔山下的革命圣地——延安。

许多年后,彭士禄在自述里动容地写道:

坎坷的童年经历,磨炼了我不怕困难艰险的性格。几十位"母亲"给我的爱抚,感染了我热爱百姓的本能。父母亲把家产无私分配给了农民,直至不惜生命,给了我要为人民、为祖国奉献一切的热血。

彭士禄心中一直怀着这样深挚的感情,永远充满感激：他感到自己无论怎样努力地工作，都不足以回报党、祖国和人民给予的恩情！在后来漫长的奋斗岁月里，他是这样想的，更是这样做的。

# 我要演八路军战士

啊,延安!啊,宝塔山……

这是无数抗战志士不远万里、奔赴而来的地方,也是无数向往光明和进步的青年人心驰神往的地方。

一九四〇年冬天,彭士禄和同龄的伙伴,以及从国外归来参加抗战的哥哥姐姐们一起,从重庆出发,奔向了浪涛滚滚的黄河边,奔向了高高的宝塔山下的古城延安。

彭士禄对这里的一切都感到无比好奇。一段崭新的生活,在巍巍宝塔山下和清清延河岸边开始了……

一到延安,所有少年都像回到了自己的家、回到了妈妈的怀抱里一样开心，一张张朝气蓬勃的脸庞洋溢着幸福和自豪的笑容。

和其他伙伴一样，士禄也换上了一身干净、利落的灰布制服，他精神抖擞，比当小游击队员时还要显得威武。每个大人见了他们，都会亲切地喊他们"红小鬼"。

"一九四〇年底，我被送抵革命圣地延安，喜悦的心情难以言喻。我和'百家姓'的小朋友们、同志们同学习、同劳动、同工作。日子是艰苦的，一切都得自力更生：开荒、种地、纺线、做鞋袜、缝衣服被褥……"每当彭士禄回忆起延安的生活，开荒、种地、纺线、做鞋袜、缝衣服被褥的场景便涌入脑海。

第二年春夏交替之际，漫山遍野的山丹丹竞相盛开。在南方长大的彭士禄，第一次看到火红的山丹丹。

一位熟悉当地风物的老师告诉他们："山丹丹的生命力特别顽强，只要有一点点土壤，它们就能扎根、生长、开花，哪怕在干旱的土塬上，它们也能坚强地生长。据说，多长一年，山丹丹就会多开一朵花。所以，如果你们想知道一棵山丹丹的岁数，只要在开花的季节，数一数它们的花朵就知道了。"

彭士禄觉得自己生命力顽强，不正如生长在陕北高原上的这些山丹丹吗？

彭士禄生在岭南地区，粤语流利，普通话蹩（bié）脚，所以刚到延安时，他和另外几个同是来自南方的少年被送进了泽东青年干部学校少年班，一边学习普通话，一边学习科学文化知识、劳动技能等。

当时，泽东青年干部学校还成立了一个儿童剧团，不时要排演一些短小的街头剧、活报剧给乡亲们看，鼓舞大家团结一心抗战到底。

有一次，儿童剧团的导演在分配街头剧的角色时，让彭士禄扮演一个跑龙套的角色——国民党小兵，导演要求他抱着一杆枪从舞台的一头跑到另一头，演出临阵逃跑的样子。

性格倔强的彭士禄说什么也不肯，他的理由颇为充分："我从小就受国民党反动派的欺负，打心眼儿里恨透了这些坏蛋！凭什么要我演他们？不，我当过抗日游击队员,我要演八路军战士!"

他的话斩钉截铁,爱憎分明。

导演苦笑着,耐心地给他和同学们讲道理:"我们演戏就是在做抗日宣传工作。如果谁都不肯扮演反面角色,我们的剧就演不下去,那我们的抗日宣传工作又怎么做得好呢?"

导演一番苦口婆心,彭士禄终于明白了一个道理:无论扮演什么角色,都是革命工作的需要,都应该演好、演活,只有这样做,演戏的宣传效果才能达到。

延安城里会集了很多著名的诗人、画家、音乐家、戏剧家。少年班有时会邀请他们来给同学们讲课。因此,彭士禄和同学们能从课堂上、报纸上、墙壁上读到一些描述延安军民生活的诗歌、散文和通讯文章。

那会儿,他和同学们都很喜欢诗人何其芳写的一些清新、明亮、充满青春朝气的抒情诗歌。何其芳在延安写下了《黎明》《我为少男少女们歌唱》《生活是多么广阔》《河》等许多对抗战充满了必胜信心的、优美抒情的诗篇。在诗中,他对中国的未来，对朝气蓬勃的年轻一代，也充满了热忱的期待。

彭士禄觉得那首《生活是多么广阔》描写的正是他们这些少年此时此刻的生活和心情，以及他们对未来的渴望和憧憬：

生活是多么广阔，

生活是海洋，

凡是有生活的地方就有快乐和宝藏。

去参加歌咏队，去演戏，

去建设铁路，去做飞行师，

去坐在实验室里，去写诗，

去高山上滑雪，去驾一只船颠簸在波涛上，

去北极探险，去热带搜集植物，

去带一个帐篷在星光下露宿。

去过极寻常的日子，

去在平凡的事物中睁大你的眼睛，

去以自己的火点燃旁人的火，

去以心发现心。

生活是多么广阔,

生活又是多么芬芳,

凡是有生活的地方就有快乐和宝藏。

  彭士禄少年时代在延安生活获得的这些认识和觉悟,一直伴随着他的人生,成为他朴素、赤诚和永远的初心。

# 数学差生的倔脾气

新生活、新气象、新梦想，纷至沓来。这个历经苦难的少年像山塬与崖畔的山丹丹一样，正在茁壮成长、迎风怒放！

一九四一年，延安的陕北公学院、中国女子大学，加上彭士禄就读的泽东青年干部学校，合并为延安大学。延安大学还设立了一个中学部，也称延安中学。十六岁的彭士禄进入延安中学学习。

这一年，党组织准备将几名烈士和干部子女送到苏联学习，其中包括彭士禄。十二月，一架苏联飞机降落延安，按计划将这批少年送到苏联去。

临近出发时，大家才发现找不到士禄。原来，士禄此时正跟着剧团在安塞演出，做宣传工作。学校立刻派人骑上毛驴,到安塞寻人。人是找到了,可是等他们骑着毛驴从安塞赶回延安时,那架苏联飞机已经飞走了!就这样,彭士禄错过了第一次前往苏联留学的机会。

延安条件艰苦,纸张、油墨匮乏,彭士禄和同学们的课本都是用粗糙的土纸印刷而成。但这无法阻挡他们学习的热情,正如彭士禄所说的:"生活是愉快的,无忧无虑;学习是勤奋的,争分夺秒。前方抗日战士流血牺牲,后方的一切非拼搏不可。"

这次留学插曲并没有扰乱彭士禄的心绪,他一如既往地勤学。

在延安中学读书时,彭士禄与叶选平是同学。全国政协原副主席叶选平在《我认识的彭士禄》一文里,回忆少年彭士禄读书时的倔脾气,感叹:"记得刚到延安中学读书时,彭士禄学习很吃力,因为他过去只读过两年书,上课都听不懂。但他这个人有个倔脾气,不学则已,学,就一定要学好!"

当时,彭士禄的数学基础薄弱,他就起早贪黑地学,三角公式背得滚瓜烂熟,甚至过了五六十年这些公式依然清晰地印在他的脑海里。期末考试，彭士禄的数学竟然获得了"优秀"的评语，老师和同学们都大感惊奇。彭士禄的这股锲而不舍的刻苦劲儿和不服输的倔脾气，自此给大家留下了深刻印象。

彭士禄还有个打破砂锅问到底的好习惯，凡事都喜欢问个"为什么"，一定要把问题弄懂，再牢记于心，决不囫囵吞枣。"对一个问题，他常常举一反三、反复思考、反复演算、反复验证。后来，他在科研工作中，脑海中储存和推导出无数的数学公式，这些基础是在延安中学打下的。"提到彭士禄这位老同学，叶选平止不住称赞。

冬去春来，柳色秋风。转眼间，彭士禄在延安中学的学习进入了第三个年头。

有一天，《解放日报》第四版刊登了一篇标题为《第四组》的报道，作者署名为"延大中学部通讯"。这篇报道里所写的主人公，正是延安中学二班第四组组长彭士禄。当时，这个小组被评为全校模范组，作为组长的彭士禄也被人们称为模范生。那么，这其中又有着怎样的故事呢？

# 模范组的故事

原来,延安中学二班的学生大多是干部子女、烈士子女,也有跟着部队成长的"红小鬼"。彭士禄作为彭湃烈士的遗孤,被同学们选为第四组的组长。他没有辜负大家的信任,很快带领自己的小组成了模范小组。

《解放日报》刊登的《第四组》这篇报道真实地记录了彭士禄和他的同学们在延安中学留下的成长小脚印:

延大中学部出现了一个模范组,组长彭士禄是先烈彭湃同志的儿子。他的工作,叫人相信他不愧是一个革命者先烈的后代……

一九四二年，从前线回来的伤员增多。延安曾动员青少年踊跃报名参加护士工作。可是，护士工作除了需要拥有面对伤残、流血与死亡的勇气，还需要拥有把每位伤员当作亲人对待的爱心。他们需要为伤员处理排泄物等，做最脏、最累的护理工作。少年们能做到吗？

彭士禄做到了。他不仅率先报名去延安中央医院参加护士工作，而且他还成了中央医院里的"模范护士"。

再如，报道上还夸奖彭士禄"肯帮助人"。同学有病，他就亲自去请医生；有的同学数学不好，他就耐心指点，为他们补课，帮助他们提高学习成绩；遇到有的同学产生了落后的思想，或者犯了错误，他会坦诚地指出他们的缺点，帮助同学进步。有一次，他给一个同学做思想工作，晓之以理，动之以情，两人不知不觉就聊到了深夜。

彭士禄也很能吃苦。每次参加劳动，他总是抢着干重活儿、累活儿。有一次挖水井，突然乌云密布，大雨将至。当时，彭士禄生了一场病，刚刚病愈，但他毫不在意，衣服一脱就跳了下去。

延安的生活十分艰苦，大家需要"自己动手，丰衣足食"。

冬天到了，学校要求每个小组把发下去的棉花纺成线，再缝制成衣。彭士禄在小组里提出："大家不能各纺各的，要有集体观念。谁的衣服单薄，缝制好的衣服先让给谁穿。"结果，四组的三架纺车一齐转动，一周就纺完了八斤棉线。就是这么一件平常的事，却改变了组上的涣散状况。集体劳动触发了集体意识，四组开始团结了。

还有一次，大家在一起学习《毛泽东在延安文艺座谈会上的讲话》。四组的同学开了两晚的检讨会。彭士禄在检讨会上说："我们的父亲经过残酷的斗争，有的流血有的牺牲，才换来这个学校，如果不好好学习，怎对得起自己的父亲，怎对得起党？"

他这番真诚的话打动了每一位同学。有一个姓黄的男生，平时对自己要求不严，学习抓得不紧，不禁流下羞愧的泪水。最后，这个同学当着同学们的面，认真地检讨了自己的行为，决定以后一定努力学习，不辜负父辈的期望。

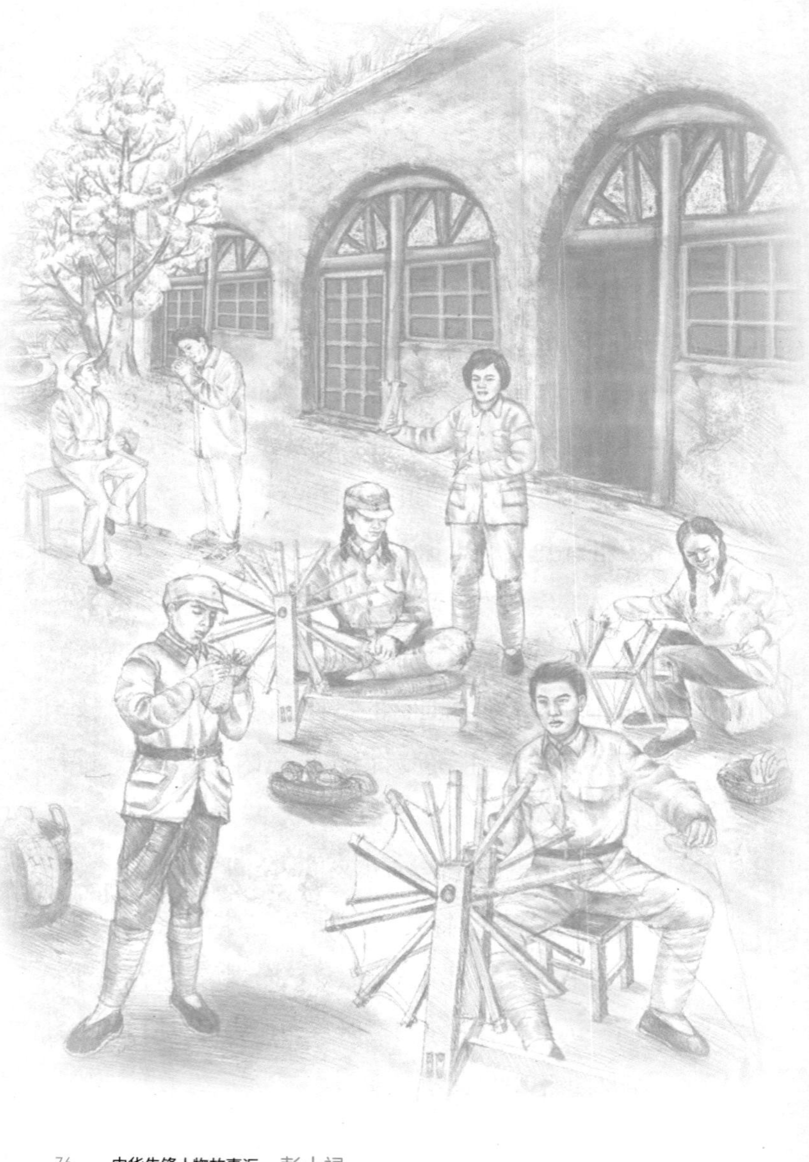

彭士禄和第四组的事迹很快传开来，全校同学都把第四组当成模范和榜样。

遇到下雨天，女同学下山有些困难，男同学就会自觉地帮她们去山下打水、打饭。有一个女同学说："男同学帮我们女同学打水，我也应该为男同学做一些力所能及的事情！"所以，像缝被子、补衣服这样细致的针线活儿，女同学们都会赶着做。碰到晴朗的星期日，正是洗被单、晒被子的好时候，男同学赶紧拆被子、洗被单、洗衣服，女同学就一齐动手，帮着男同学缝被子、补衣服，团结友爱得就像一家人。

彭士禄很喜欢一首名叫《纺棉花》的劳动歌。这首歌的词曲作者都是延安时期的著名文艺家、戏剧家、诗人骆文作词，音乐家莎莱作曲。和彭士禄一样，词曲作者都在延安参加过大生产劳动，所以词曲都创作得生动有趣，彭士禄每次听都备感亲切：

太阳出来磨盘大，
你我都来纺棉花。

棉卷儿紧紧捏在手,
线线不断地往外拉。
……

你说我纺呀纺得快,
我说你纺得也不差。
两人纺车车两架,
一天就纺出了二斤花。
纺呀纺呀,纺呀纺呀,
一天就纺出了二斤花。
……

不知多少次,彭士禄和同学们一边谈天说地,一边摇着纺车,在劳动中真切体会"自己动手,丰衣足食"和"劳动创造世界"的革命道理。

# 庄严的时刻

一九四四年,春天来到了陕北高原上,白云停留在每一座高高的山头,天空中呢喃着正在衔泥筑巢的紫燕,河边飘拂着杨柳……

彭士禄和一群朝气蓬勃的同学一起,扛着镢头和犁头等,正沿河向着不远处的山梁走去。这已经成了这些少年的日常"必修课"。他们一边学习文化知识,一边参加大生产劳动,用各自的力量支援延安根据地的生产建设。

这个春天,彭士禄不再是中学生,他和同学正式进入延安大学,成了一名大学生。考虑到国家建设需要和个人志趣,彭士禄进入了自然科学院化工系,开始学习专业知识。

延安城外，一片郁郁青青。远处的山塬不时地飘来八路军战士和老乡们的信天游：

> 山尖尖长出的灵芝草，
> 没有谁比得过共产党好。
>
> 八路军个个是好娃娃，
> 为咱穷苦百姓打天下。

一九四五年八月一日，二十岁的彭士禄迎来了令他一生难忘的庄严时刻：他光荣地加入了中国共产党，成了一名正式党员。因为他在延安中学表现突出，一直是一个令人称赞的模范生，所以党组织破例免去了他的预备期。八月一日，他一被批准入党，就成了一名正式党员。

我的理想是什么？我的信念是什么？他曾经多次追问内心。此刻，这个庄严的时刻到来了。站在一面鲜红的党旗下，他坚定地握起右拳，举过肩头，铿锵有力地宣读着入党誓词。

他的眼睛里噙满了晶莹的泪水。这一刻，也许彭士禄的脑海里正闪过他们的面容：母亲、父亲、七叔、永俊阿哥、两位想把他送去瑞金中央苏区的叔叔，还有坐牢的山顶阿妈和姑妈……

他更加确信，他是党的孩子、人民的儿子！为了亲爱的党，为了亲爱的祖国，为了哺育他长大的人民，今后他将贡献全部的力量和心血！

一九四五年，注定也是一个写入中华民族记忆里的不平凡的年份。八月十五日傍晚时分，延安城的天色还没有完全暗下来。延河两岸和一道道山梁、山脚下，响起了一阵阵欢呼声、口号声、锣鼓声……紧接着，一支支明亮的火把点燃了，一堆堆篝火熊熊燃烧起来。

原来，几个小时前，从无线电广播里传出了一个振奋人心的消息：日本宣布无条件投降了！

这是千千万万中国人民用宝贵的生命进行艰苦抗战换来的胜利，怎能不举国狂欢呢？

当晚，延安的每条街道都挤满了举着火把游行的欢腾队伍。彭士禄和同学一道欢呼雀跃，加入了欢庆的队伍。

光荣入党，抗战胜利，成了彭士禄延安记忆里最幸福的时刻。

一九四五年十二月,自然科学院的师生们告别延安,暂时迁往张家口。离开延安的那天,所有人都依依不舍,就像即将远行的孩子,不住地张望着巍巍的宝塔山和清冽的延河水。彭士禄和不少同学都难过得哭了起来。

这时,远处的山塬又飘来了既熟悉又亲切的信天游:

抓起一把黄土扬了个高,
断线的风筝挂在树梢梢。

山丹丹红来麦苗苗青,
哥哥们都是好后生。

沙地上萝卜旱地的瓜,
千里万里忘不了家。

翻一道山梁砍一担柴,
滚着爬着你们还回来……

如果说，刚到延安时，彭士禄还是一个天真、懵懂的少年，那么到了一九四五年，他已经是一个思想成熟的青年奋斗者，一个革命理想、人生信念都十分坚定的革命战士了。

延安岁月培养了他坚韧不拔、吃苦耐劳的奋斗意志，使他养成了艰苦朴素的生活作风，还教会了他讲究实事求是、注重调查研究的科学态度与工作方法……这些都是他工作和生活中的宝贵财富。

许多年后，彭士禄在自述里说："延安圣地培育了我自力更生、艰苦拼搏、直率坦诚的习性。总之，我虽姓'彭'，但心中永远属姓'百家姓'。"

# 三次留学的机会

漫长的抗日战争严重阻滞了中国工业技术的发展。这时,由于晋察冀边区政府接管了很多工业企业,张家口急需年轻的后备力量。

一九四五年十二月,彭士禄跟随自然科学院的师生,从延安迁至张家口后,和几位同学一起进入晋察冀边区工业专门学校化工班学习炼焦技术。他们一边学习化工技术,一边从事火药、炸药的研制试验。

一九四六年四月,彭士禄在延安自然科学院读书时的老师、化工系主任李苏被调到晋察冀根据地担任宣化冶炼公司负责人。李苏一到任,就把彭士禄等一批学生召到了自己麾下。八月,彭士禄与同学们陆续走上工作岗位。

过了两个月，李苏受命筹建兵工七厂和化学四分厂，并任厂长。彭士禄等学过化工专业的同学又跟随李老师来到炸药厂工作。

同年，国民党全力围攻中原解放区，发动了全面内战。全国各解放区战场需要大量的炸药。

为了支援前线，彭士禄与同学们研发、生产炸药所需要的硝化甘油。他们的手上、身上留下了许多化学物品腐蚀留下的疤痕，这些也成了他们最早荣获的一枚枚别样的"军功章"。

一九四七年十一月，华北地区重要城市石家庄解放了。石家庄原有的一家炼焦厂回到了人民手中。李苏奉命接管了这家炼焦厂，担任厂长。彭士禄跟着老师进厂，做了焦化研究和生产的技术员。

党的召唤、革命事业与祖国未来建设的需要，就是彭士禄和他的同学们的理想所在，就是他们全力以赴的目标。

一九四八年秋天，党组织再次准备把彭士禄送往苏联留学。可是，当彭士禄接到来自西柏坡的指示，经过沈阳、大连，终于赶到哈尔滨时，飞往苏联的飞机又飞走了！他又一次错过了前往苏联留学的机会。

党组织决定就地安排他进入哈尔滨工业大学学习。这所学校一向用俄语教学，彭士禄进修了一年，就打下了良好的俄语基础。

第二年秋天，彭士禄又转入大连工学院。在大连，他和同学们围在小小的收音机旁，屏气凝神，收听着从天安门城楼上传出来的一个庄严、洪亮的声音：

"中华人民共和国中央人民政府今天成立了！"

啊，美丽的新中国诞生了！中华民族从此站起来了！

这一刻，彭士禄感到无比自豪！他和所有年轻的同志一样，打心眼儿里感到骄傲！

几个月后，一封珍贵的家书辗转送到他的手上。

这是他的弟弟彭洪所写。彭洪出生于一九二八年，比彭士禄小三岁，是彭湃烈士的第三个儿子。童年和少年时代，彭士禄流离失所，和这个弟弟鲜有联系。

弟弟随信寄了一张珍贵照片——彭湃烈士的遗照。这是二十多岁的彭士禄，第一次看到照片上父亲的模样。

彭士禄捧着照片看了一遍又一遍，泪水一次又一次模糊了双眼。

他提起笔，在照片背面写下了这样几行文字：

这是中国革命英勇的斗士！
这是光荣的共产党员！
这是我的爸爸——彭湃同志！

此外还注明了"洪弟寄于海丰"以及收到的时间等字样。

在彭士禄心中，彭湃不仅是自己的父亲，更是一位真正的共产党员，是把全部都奉献给了革命和人民的奋斗者。可以说，他的父亲、母亲是他心目中最早的，也是永远的楷模和精神偶像。

一九五一年夏天，第三次赴苏联留学的机会来了。

彭士禄从大连来到北京，参加了前往苏联留学的统一考试。参加考试的都是各地院校品学兼优的青年学生。

最后，三百多名学生脱颖而出，成为新中国第一批由国家正式派往苏联学习的留学生。彭士禄就是这三百多名留学生中的一员。他们将进入苏联各地著名的高等学府学习不同的专业，尤其是新中国建设所迫切需要的专业。

为了理想，他们将暂别祖国，奔赴远方。祖国的迫切需要是彭士禄和这一代新中国赤子全力以赴的第一目标！

不过，彭士禄不知道的是，留学苏联，他将与核动力结下一辈子的缘分……

# 留学苏联的日子

一九五一年八月底,绿皮列车喷吐着白烟,一路向北。经过七天七夜缓慢的长途行驶,彭士禄和其他三百多名留苏同学终于抵达了莫斯科。

苏联的秋天来得很早,阿尔巴特大街上已经零星地飘着金色的落叶,迎面吹来凉飕飕的秋风。

好在彭士禄穿着一身较厚的、保暖的黄色呢子中山装。这是他平生第一次穿这么挺括的制服。在延安时,他穿的都是灰色的土布衣服。

彭士禄和同学们用好奇的目光,匆匆打量着阿尔巴特大街的街景:街道两旁矗立着一座座历尽沧桑的古老建筑,每一块沉默的大理石仿佛都铭刻着这座城市曾经的荣光、梦想和变迁。

不过，彭士禄和同学们暂时还没有心思仔细去欣赏异国的风景。此时，他们的心情既激动又迫切。他们知道，苏联的教授每给中国学生授一节课，除了苏方的工资外，中方还要支付八十卢布。祖国培养一名留学生的费用相当于在国内培养二十五名到二十六名大学生的费用。所以，他们来到苏联生活和学习的每一天、所上的每一节课，祖国都要付出不菲的代价！

他们更深知，祖国长期处在战火纷飞的岁月里，新中国成立不久，基础差，底子薄，百废待兴，此时拿出一大笔公款，送他们来苏联学习，就是盼望他们早日学成归来，再投身到社会主义建设事业中去。彭士禄和同学们怎会不惜时如金？他们恨不得立刻投入学习中去！

到了莫斯科，彭士禄等九名同学只在这座城市停留了一夜，稍做休整，第二天又继续乘着火车，奔往另一座城市喀山。

当时，喀山被称为苏联的"第三首都"。我们从列夫·托尔斯泰、高尔基的作品里能看到他们与这座城市的亲密关系。

在喀山化工学院化工机械系，彭士禄既要学习专业知识，还要学习一年专业俄语。因为当时中苏关系密切，我国很多科技都是从苏联学习的，不掌握这门语言，寸步难行。

彭士禄在喀山的生活、学习，争分夺秒。化工机械专业课程的精髓在于画图，无休无止地绘制图纸。所以，彭士禄和同学们在苏联画了整整五年的图纸。"在留苏期间，我们从未在晚上十二点前就寝过，我们要学的东西太多太多了，一头扎进去，就像是沙漠中的行人看见了湖泊那样。"回忆起这段留学岁月，彭士禄十分感慨。

一九五五年，苏联政府出台了一条新规定：所有在苏联各大城市的外国留学生，全部集中到首都莫斯科和"第二首都"列宁格勒（现称圣彼得堡）。这年夏天，彭士禄和其他中国同学随即从喀山转到莫斯科化工机械学院继续学习。

有一天，彭士禄和同学外出购买书籍时第一次乘坐地铁。当时，莫斯科的地铁闻名世界，每个地铁站都装潢得像美术馆一样漂亮，这令彭士禄和同学羡慕极了！

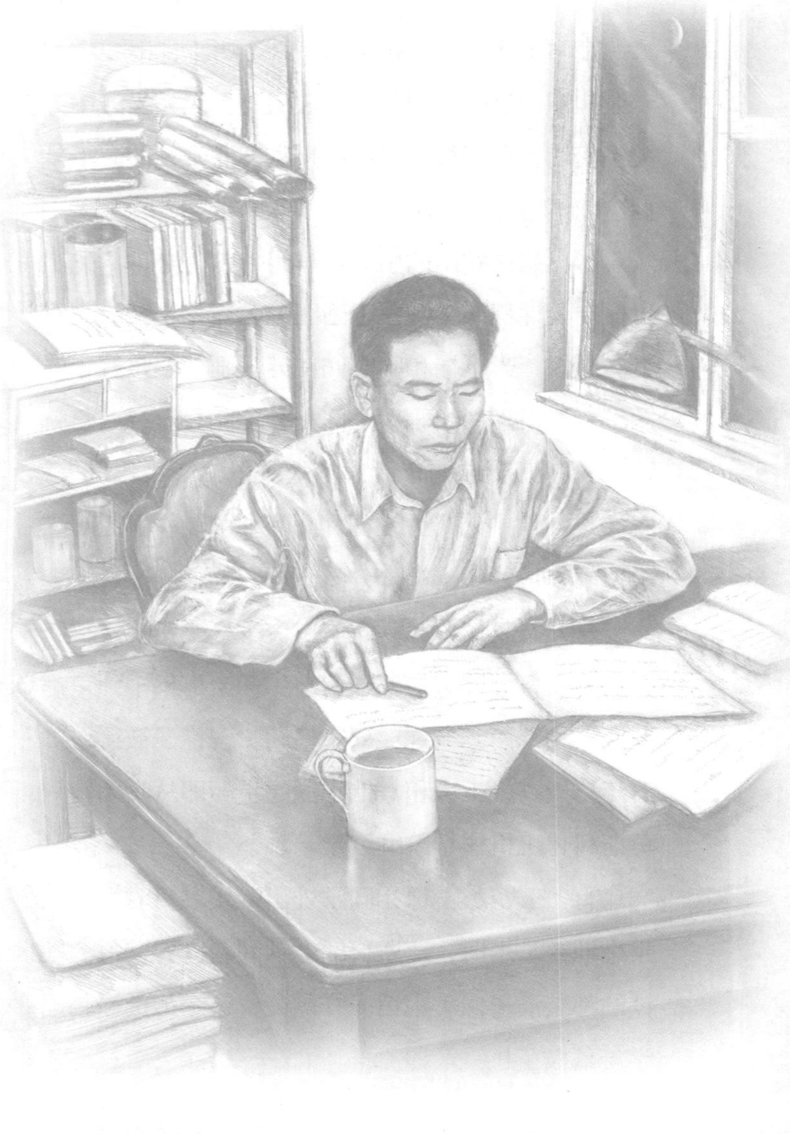

"你们看，他们建造了这么多条地铁！"

"是呀！我们什么时候才能在祖国坐上地铁？我们的国家什么时候才能变得如此先进？"

这一刻，彭士禄暗暗发誓：一定要珍惜留学的时光，把更多先进的科技学到手，建设祖国。

彭士禄和同学们还多次到苏联的一些矿山、工厂、车间和实验室参观。每次参观，他的内心都会受到不小触动。所以，无论在热烈讨论的课堂上，还是在安静的实验室里，无论在图书馆里，还是在实习的化工厂车间，彭士禄都时刻铭记着一个清晰的目标——艰苦奋斗，奋发图强，报效祖国，报效人民！

从喀山到莫斯科，五年多的时间里，他夜以继日，一共修完了三十六门课程，除了三门课程成绩为合格外，其他三十三门均是优秀。毕业证书上，彭士禄的总成绩被评为优秀。他的毕业论文也被评为优秀。

一九五六年，综合他的课程成绩和毕业论文成绩，彭士禄以全优的成绩获得莫斯科化工机械学院授予的"优秀化工机械工程师"证书。

在等待回国报效国家的日子里,他和两位要好的同学去神往已久的莫斯科大学参观了一番。

他们从莫斯科大学正门走出来,过了莫斯科河,登上对面那座著名的麻雀山。当时,这座山叫作"列宁山"。它是莫斯科城的一处名胜,也是登高望远、欣赏夕阳西沉的绝佳去处。

夕阳西下的黄昏时分,他们站在山上俯瞰晚霞映照着的莫斯科城,整座城市一片绚烂,非常壮观。

彭士禄想起读过的一个故事:一八二七年春天,一个玫瑰色的黄昏,两位志存高远的俄国少年赫尔岑和奥加辽夫站在这座山上,面对西沉的太阳,共同发誓,要为各自的美好理想奋斗终生,哪怕献出宝贵的生命,也在所不惜!

若干年后,赫尔岑成了著名哲学家、政论家和文学家,奥加辽夫成了一位政治家和诗人。后来,他们老了,回想起少年时代那个共同起誓的黄昏,赫尔岑仍禁不住热泪盈眶,在回忆录里写道:"不必再说什么了!我们整个一生,都可以为它做证……"

彭士禄站在晚霞映照的列宁山上,想象着那两位志存高远的俄国少年的模样,不禁默默地问着自己:为了党的事业,为了祖国和人民的事业,为了美好的理想,你也能百折不挠、奋斗终生吗?当党、祖国和人民需要你的时候,哪怕需要你献出宝贵的生命,你也能在所不辞、勇往直前吗?

# 改行

一天，中国驻苏联大使馆突然通知彭士禄和另外几位留学生来一趟大使馆。彭士禄以为是与回国事宜有关，可他没有想到，一项比回国更重要的事情正等待着他们。

时任国防部副部长的陈赓大将正陪同聂荣臻元帅在苏联访问。陈赓大将特意抽出时间，接见了彭士禄等几位留学生。

"你们听说过原子弹、氢弹、导弹、核潜艇吗？"

"听说过。美国、苏联已经研制出来了。"

"钱学森先生刚回国时，我就问过他，咱们中国人能不能造出自己的导弹来。钱先生斩钉截铁地回答：'有什么不能的？外国人能造出来的，我们中国人同样能造出来！难道中国人比外国人矮了一截吗？'"陈赓大将笑着说，"党中央和周总理决定要在你们当中选拔一批成绩优秀的学生改行学习核动力专业。你们愿意改行吗？"

"当然愿意，只要祖国需要！"彭士禄和几位同学都站起身，语气坚定地回答。

就这样，从一九五六年开始，彭士禄和另外四名成绩优秀的中国留学生，加上从国内院校层层选拔、挑选出来的三十五名品学兼优的大学毕业生，共计四十人，被派往莫斯科动力学院核动力专业深造。

这四十名肩负祖国殷切期望和重大使命的留学生，将分头学习四项与核动力专业相关的尖端技术：核反应堆、铀同位素分离、核材料、自动控制。

毫无疑问，新中国未来核动力事业的希望就寄托在他们身上。事实证明，他们都在日后成了新中国核能领域的执牛耳者。

当时，彭士禄和其他留学生深知，西方把新生的红色中国视为"眼中钉""肉中刺",想方设法封锁我们、围困我们、孤立我们,甚至不时拿出核武器讹诈我们、吓唬我们。所以,为了国家与人民能够独立、自主、自强地屹立在世界的东方,党中央不惜花费重金培养自己的核动力人才。

"外国人能造出来的,我们中国人同样能造出来!难道中国人比外国人矮了一截吗?"想到钱学森先生的话,这些身负重任的青年学子都铆足了劲儿学习,一定要尽早把核动力专业技术学到手,回国建立和发展我们自己的核动力事业。

一九五七年十一月,毛主席率领中国代表团来苏联访问和参加十月革命四十周年庆典。其间,毛主席特意抽出时间来到莫斯科大学,看望在这里学习的中国留学生。

毛主席来看望同学们那天,彭士禄也激动地挤在大礼堂的第十二排。两千多名朝气蓬勃的留学生把莫斯科大学礼堂挤得水泄不通。

随着毛主席等党和国家领导人的到来,整个礼堂的气氛瞬间高涨,潮水般的欢呼声和热烈的掌声经久不息。

"世界是你们的，也是我们的，但是归根结底是你们的。你们青年人朝气蓬勃，正在兴旺时期，好像早晨八九点钟的太阳。希望寄托在你们身上……"毛主席的这一番话语鼓舞了在场的青年人，也鼓舞了中国几代青年人。

毛主席的湖南口音浓重，他怕有的学生听不懂湖南话的发音，还特意询问身边的刘晓大使，"世界"用俄语怎么讲？刘晓大使笑着回答毛主席，俄语读作"米尔"。

于是，毛主席又特意幽默地重复道："米尔是你们的……"

彭士禄和每一位同学都竖起耳朵，聆听毛主席的讲话，生怕漏掉任何一句话。

毛主席还亲切地鼓励大家说，青年人应具备两点，一是朝气蓬勃，二是谦虚谨慎。接着他叮嘱留学生们，世界上怕就怕"认真"二字，共产党就最讲认真。

听着毛主席的谆谆教导和殷切嘱托，青年学生们心潮澎湃，热泪盈眶。

后来只要谈起自己留学苏联的这段岁月，或被问起留苏期间最令人难以忘怀的回忆，彭士禄总会脱口而出：

"毫无疑问，是毛主席到莫斯科大学看望留学生的那个时刻。在场的每个人都深切地感受到了来自党、祖国和人民的关怀、爱护、信任与期待。"

# "09工程"

一九五八年四月,冬天正在远去,阿尔巴特大街两旁的积雪渐渐消融,鸟儿也从温暖的南方飞回来了。一队队大雁在晴朗的长空鸣叫着,好像正在唤醒沉睡中的、白雪皑皑的西伯利亚荒原。彭士禄以优异的成绩结束了在苏联的留学岁月,踏上了驶往祖国的列车。

回国之初,彭士禄被分配到隶属国家第二机械工业部(简称"二机部")的原子能研究所工作。

这时,国家正在酝酿一项与彭士禄的专业密切相关的重大战略决策。这项决策在相当长的时间里都属于"绝密"级的国家秘密,同时也是一项既艰巨又神圣的共和国使命。当然,彭士禄暂时还不知道，这项共和国使命即将落在他和战友们的肩上。

一九五八年前后，世界笼罩在浓重的"冷战"阴影里。战争的硝烟虽然已经飘散，但是苏联和美国这两个超级大国在军事科技上你追我赶，英、法等国家在国防实力上的较量也从来没有停止。

新中国的最高领导层审时度势，高瞻远瞩，果断地做出了英明决策：我们必须倾全国之力，发展自己的核事业！

就这样，科学家、解放军、技术工程人员悄悄进入大西北的荒原、戈壁和沙漠深处，开始铸造共和国坚固的"核盾"……

紧随其后，新中国核潜艇工程的宏伟蓝图也徐徐展开了。

核潜艇是一个国家至关重要的国防利器，也是国防实力的标志之一。当时世界核潜艇的技术和成果主要集中在苏联和美国这两个超级大国那里。

一九五五年，美国的第一艘核潜艇"鹦鹉螺号"试航成功后开始服役。这也是世界上第一艘核潜艇。

一九五七年，苏联第一艘核潜艇"列宁共青团员号"，下水首航。

一九五八年，美国核潜艇在北极的冰群下完成了航行。紧接着，美国一艘新的核潜艇"海神号"，完成了第一次水下环球航行……

在这样的形势下，时任国务院副总理的聂荣臻向党中央和国务院提交了一份绝密报告——《关于开展研制导弹原子潜艇的报告》。中国核潜艇研制工程悄悄拉开了神秘的帷幕。

一九五九年，时任苏联最高领导人赫鲁晓夫来中国访问时，我国向苏联提出了核潜艇的技术援助请求。赫鲁晓夫一口回绝道："核潜艇技术复杂，你们没有能力，也没有钱，你们不要搞。"

面对这个问题，毛主席斩钉截铁地表示："核潜艇，一万年也要搞出来！"

关于研制核潜艇的报告已经获得批准，与之相关的具体分工明确提出："艇"的部分，由船舶工业领域的机构和专家负责；"核"的部分，即核动力装置部分，由二机部负责。二机部把这项秘密任务交给了原子能研究所，也就是彭士禄所在的单位。

当时,原子能研究所的所长是钱三强,副所长有李毅等。时任二机部部长刘杰对李毅交代任务时说,今后你们原子能所的"能"字,就"能"在搞核潜艇动力的研究设计这场重头戏上。

原子能研究所很快筹建了一个潜艇核动力装置的研究机构,主要任务就是攻克潜艇核动力技术的难关。这个研究机构有两百多人,彭士禄也在其中。

当时,还发生了一个不小的泄密事件。核潜艇研制的每一个环节都是国家重大机密。最初,核潜艇研制工程的代号为"07"。不料,一九五九年十二月,在海军直属机关的一次会议上,一位同志在发言时无意中说漏了一句话:"07工程"是经毛主席批准的绝密工程。这句话脱口而出,可不得了!"07"这个代号背后的机密就此泄露了!

如果继续使用"07"这个代号,显然已经失去了保密的意义,因此需要立马更换一个代号。经研究商定,从一九六〇年开始,中国核潜艇研制工程正式启用"09"这个新代号。

"09工程"正式立项后,党中央立刻在全国范围内物色政治上可靠、专业技术过硬的科研和技术人员组成研制团队。由彭士禄任副主任的核动力研究室,就是其中的一个。

"09工程"是一项绝密的国家工程,核潜艇总体设计组全体人员必须严格遵守保密纪律:不能对任何人透露自己的工作单位、工作内容、工作性质等,要做到"上不告父母,下不告妻儿"。

彭士禄心里既激动又自豪,同时又有一些紧张和不安。

这是一项极其神圣的使命,一旦成功,不就能够直接打破西方国家对我国实施核讹诈、核威胁的企图了吗?

但实事求是地讲,当时国家经济基础薄弱,各项科学技术攻关研究刚起步,还要面对西方国家的技术和资料封锁,想要研制核潜艇,需要攻克核动力装置等一系列技术难关,难度巨大!

他们能看到的核潜艇,只有几张从国外报纸上翻拍的、模糊不清的黑白图片,以及我国的一位外交人员偶然从外国商店里买回来的一艘核潜艇玩具模型。除此之外，再也没有任何可以参照的资料。

这种境况怎能不令彭士禄紧张和不安呢？但是，开弓没有回头箭，祖国的需要就是他们全力以赴的目标。

"核潜艇，一万年也要搞出来！"毛主席的这句话是激励彭士禄和核动力研究团队的战友们勇往直前的最大"核动力"！

# "笨办法"

生活在今天的人们几乎无法想象，中国核潜艇研制事业是在怎样严酷的状态下，踏上艰辛征程的。当时，谁也没有见过真正的核潜艇，所以大家一开始对核潜艇的认知非常浅陋，以为只要把核反应堆（核动力）组装到一艘大船（常规潜艇）上，就是核潜艇了。

结果他们发现，完全不是这么一回事。

那么，应该从哪里入手呢？大家想到从国外的报纸杂志里寻找相关资料，拼出一艘核潜艇的总体结构和局部构造。凭着想象和推断拼凑的结构图，究竟靠不靠谱，谁也不敢肯定。

一天，一个偶然的机会，他们获得了一艘美国核潜艇的玩具模型，如获至宝。这应该感谢我国那位外交人员，他从国外商店里买回了这件"宝贝"。

大家小心翼翼地把这个核潜艇模型拆解、分析、再拼装，没想到还真有了一点点收获：这个玩具模型的构造竟然跟他们拼出的结构图基本一致！

虽然这实际上没有多大意义，却也让他们兴奋了好一阵子。这至少证明了一个朴素的道理：只要付出，总有收获，天底下没有白费的功夫！就这样，他们展开了研制中国核潜艇的细致调研、深入挖掘、计算推演……

核潜艇的稳定性至关重要：太重，容易下沉；太轻，又潜不下去；重心斜了，又容易侧翻。这就要求他们对每一个设计数据的计算，都必须做到精确无误，分毫不差。

为了确保数据的可靠性和精确性，大家集思广益，采用了一种"笨办法"：每一个数据都分别由两组人员来计算，如果两组人计算的数据相同，说明没有问题；如果有所不同，那就需要重新计算，直到数据完全相同为止。这种笨办法虽然费时费力，但是很有效。

"笨办法"

后来，他们又将更多的"笨方法"应用到一系列的试验中，比如"锱铢必较法"：在船台入口处摆上一些磅秤，任何物品拿进或拿出船台都要称一称，并做好数据记录。一九六五年，彭士禄创造性地先在陆上建造了一个1:1全尺寸的木质核潜艇模型，准备在陆上试验成功了再下水。为了确保数据的可靠性和精确性，他们又用磅秤对进入船台的每一件设备、每一根管道、每一条电缆一一称重、登记；安装时切割下的任何边角余料，就算是一截电缆，都要再次过秤，并从原先的总重量中一一扣除。

"锱"和"铢"是古时很小的重量单位，四锱等于一两，六铢等于一锱。古人常用锱铢必较来形容一个人办事非常认真，一丝不苟。彭士禄他们的锱铢必较，保证了日后数千吨的核潜艇在下水后的定重测试值与设计值一致。

需要计算的数据体量到底有多庞大？研究条件到底有多艰苦？他们拥有的计算工具就是手摇计算器和计算尺。有的小组甚至连一台手摇计算器都没有，大量数据的计算只能靠着古老的算盘和简易的计算尺来完成。

彭士禄这么说过："我们为了建立反应堆物理的计算公式，在二十世纪六十年代只有手摇计算器和计算尺，科技人员夜以继日地计算了十几万个数据，建立了自己的计算公式，但仍没有把握保证反应堆在常态下安全受控。因理论值与实际值还有一定的差值，我们被迫做了1:1零功率试验，发现了误差，修正了公式，补添了近一倍的可燃毒物棒，保证了反应堆在常温下安全可控，把反应堆的脾气摸得清清楚楚，明明白白。"

彭士禄当年用过的一把计算尺，为数据计算立下过汗马功劳。这把已经磨得发亮的计算尺他一直保存在身边，舍不得扔掉。

与彭士禄并肩作战的黄旭华，在日常工作中使用的一个算盘，还是岳母赠送的，上面镌刻着"旭华"二字。

如今，彭士禄的计算尺和黄旭华的算盘，都成了他们那段艰苦奋斗岁月的见证者。

从这些事例不难看出，当时他们面临多少困难！且不说技术资料一无所有，如此庞大、复杂的科研数据体量却要靠着简易的计算尺和古老的算盘来完成，这几乎无法想象！

然而，这是一项绝密的共和国使命，他们需要隐姓埋名，"上不告父母，下不告妻儿"，默默承受黎明前的黑夜。

一九八七年，上海《文汇月刊》六月号上刊登了一篇报告文学作品，标题是《赫赫而无名的人生》。这大概是从事中国核潜艇设计和研制事业的总设计师、科学家们，第一次作为报告文学里的主人公出现在世人面前。这时，他们依然还在隐姓埋名中，于是就有了文章里的"P同志""Y少将""C主任"这些称呼。

神秘的"P同志"是谁呢？长期以来，这都是一个秘密。当然现在秘密早已揭开，我们都知道了"P同志"是彭士禄，P是他姓氏的第一个字母，而主人公"他"就是黄旭华。

如果说，年幼时改名换姓是形势所迫，那么当彭士禄和他的战友们被祖国挑选出来、委以重任时，他们隐姓埋名，甘做"赫赫而无名"的事业，那一定是舍小家、为国家的忘我奉献精神的崇高体现。

"此生属于祖国,无怨无悔!"这句响亮的话语,是彭士禄、赵仁恺、黄旭华、尤子平等研制核潜艇的战友们共同的心声、共同的选择。

# 搁浅的大船

二十世纪六十年代初,我国的民生和经济经历了一个极其困难的时期。各地普遍出现了粮食短缺的状况,大家经常只能吃些粗粮、野菜来充饥。彭士禄说:"那时,我们是吃着窝窝头搞科研的,有时连窝窝头都吃不上,我们就挖野菜吃。"

生活上的困难,对第一代核潜艇人来说,算得了什么呢!最让他们感到棘手的是,中国核潜艇事业刚刚起步就遭遇了一次次重大挑战和挫折:学术资料奇缺,技术条件严重不足……"09工程"几乎成了一个不可能完成的任务。

"屋漏偏逢连夜雨",国内外形势也发生了让人意想不到的变化:中苏关系破裂,苏联撤走了援华专家，对中国封锁了所有的专业技术资料；国内面临新中国成立以来最严重的经济困难。种种不测风云使得"09工程"，不但"先天不足"，而且颇有些"生不逢时"。

一九六二年，中央经过慎重研判和考虑，做出了一个忍痛割爱的决定：集中力量和资源，先保证正在进行中的原子弹、氢弹和核导弹等重大国防工程的试验，"09工程"列入调整项目。具体方案是：留下少数骨干力量，继续研究核动力装置，为日后重新启动这项工程做准备，其他人员全部调到别的研究机构。也就是说，因为种种条件限制，中国核潜艇这艘大船，只好暂时宣布"搁浅"。

而这些留下来等待重新启航的骨干力量，中央决定让他们组成核动力研究室，彭士禄将作为核动力研究室副主任负责全面工作。

那是一九六二年二月的某一天，李毅把彭士禄悄悄叫到办公室，开门见山地说道："士禄，所里还打算成立一个专门攻关核动力的研究室，我们考虑了许久，认为你是最合适的，准备让你担任研究室的副主任。"

彭士禄明白，国家下定决心要研制核潜艇，而研制核潜艇的重中之重非核动力的科研工作莫属。但令他没想到的是，所里会把这项重任交给他。

"研究室的主任是？"

"没有主任，一切由你负责。"李毅解释道，"因为你目前是技术六级，按照有关规定，你的级别还不够，所以只能任命你为副主任。"

确实，彭士禄刚刚留学回来，评上技术六级，相当于副教授，所以只能当副主任。

"我想的不是级别问题，而是和谁一起干、应该怎么干的问题。"彭士禄赶忙解释。

"所里准备配备五十人左右的团队，由你领头负责。卧薪尝胆，潜龙在渊。组织对你充满信心！"随后李毅又叮嘱了一些注意事项。

研究室也被称为"47-1室"。五十多人中，真正懂核动力的只有彭士禄等五六个人，其余都是物理、化学、锅炉等专业毕业的大学生。在专业人才严重不足的严峻形势下，他们近乎赌着一口气上马。

进入工作状态后，彭士禄才真正领悟李毅的话的含义，那就是：要沉得住气，即便从零开始，也不要气馁，而应该打好基础，积累实力。只有这样，方能有朝一日，劈波斩浪，骑鲸蹈海！

　　是啊，卧薪尝胆，他真正感受到了"09工程"所遭遇的浪打船头、一波三折的艰难。

# 深山老林摆"战场"

经过艰苦奋斗,中华儿女不断创造出震惊世界的奇迹:

一九六四年六月二十九日,中国第一枚中近程地地导弹发射成功;

一九六四年十月十六日,中国第一颗原子弹在大西北的罗布泊沙漠深处爆炸成功,我国成为世界上第五个拥有核武器的国家;

一九六七年六月十七日,中国第一颗氢弹空爆试验成功,再次震惊了全世界……

在这期间,彭士禄和战友们一直没有离开过"09工程"这艘大船。他们就像一群忠诚的水手,一直守望在这艘大船的甲板上,时刻等待重新启航的日子。

一九六三年六月,彭士禄所在的47-1室,与国防部第七研究院某研究室合并,建立了一个新的舰船动力研究所。一九六三年十月,国家调整舰船动力研究所,代号"715所",彭士禄、黄旭华任副总工程师。

"715所"没有总工程师,因为总工程师必须是专业四级,即"教授级"的高级工程师。彭士禄、黄旭华当时的技术职称都还没有达到这个级别。黄旭华后来回忆说,彭士禄和他担任副总工程师,在当时已经算是破格任命了。

一九六四年一月十八日,彭士禄、黄旭华等人作为科学技术人员集体入伍,穿上了军装。彭士禄被授予中国人民解放军技术中校军衔,黄旭华被授予技术少校军衔。

一九六五年三月,周恩来总理亲自主持召开会议,重新做出部署和决定,核潜艇研制这艘大船再次启碇,重新踏上了从蓝图走向深海的征程!

这年夏天,彭士禄、赵仁恺率领着一支科研队伍悄悄离开北京,进入了大西南某地的深山老林中，开始筹建我国第一座核动力装置陆上模式堆试验基地。这个基地后来成为中国核动力研究设计院九〇九基地——中国第一代核潜艇研发试验基地。

他们的任务是搞原子反应堆核动力试验，就是在陆地上建造一个原子模式堆。一旦模拟试验顺利完成，核反应堆就可以按照一模一样的方式安装到潜艇上。

他们从西南某地出发，越过了高高的山峰和陡峭的山岭，经过了漫长的跋涉，最终来到了一片大山里。大西南的深山老林到处都是山蛭和毒蛇，又潮湿又闷热，环境真是极其艰苦、恶劣！但是，彭士禄和他的战友们却完全不在乎，他们满怀希望地准备开展他们的工作……

彭士禄动员了所有能够动员的力量，八千多名解放军、工人、干部和科技工作者齐心协力，为圆满完成任务而奋斗。为了争分夺秒，彭士禄吃在工地，饿了，他就拿着一个掉了瓷的碗，吃着酸咸菜简单对付，甚至吃不饱时要喝稻田水，打麻雀吃；他住在工地上，累了就把工作服一裹，躺在一块木板或板凳上休息；山道泥泞的大雨天，生活区与工作区之间的几十里路途，没有给他带来任何影响，只要工地发生问题，他就立即赶到现场。

一九六五年，黄旭华、尤子平也带着研究队伍登上渤海湾深处的葫芦岛，建设核潜艇总体建造厂。

葫芦岛地处海天茫茫的渤海湾深处，气候恶劣、杂树丛生、人迹罕至。当地人们说："葫芦岛一年就刮两次风，一次刮半年。"

尤子平回忆："当时那里风沙大，荒寂冷清，生活很艰苦，连自来水（指的是淡水）都供应紧张，生活区白天不供水，晚上才来一点儿，大家用盆盆罐罐接水备用。吃的是带糠的高粱米，定量少得可怜的玉米粉也是稀罕之物，每人每月三两油的供应一直维持了十来年，蔬菜几乎绝了迹。有一年春节将至，副食品商店门口居然贴出大张红纸，赫然写着'欢度春节，每人供应红方（即酱豆腐）一块'，可见当时供应之匮乏。"

因为岛上食物匮乏，所以如果有人出差回来，必定是大包小包，背着扛着，一部分是给自己买的，另一部分是给同事捎带的。于是，发生了让人哭笑不得的一幕：有一次，一位同事出差回到葫芦岛上时，大包小包地挂在身上，竟然有二十三个行李袋，大家笑他创造了带东西上岛的最高纪录。

所以说，今天的人们很难想象，为中国核潜艇事业筚路蓝缕的第一代核潜艇人，是如何在艰苦的科研条件和生活环境里，创造人间奇迹的！

# 劈波斩浪

中国核潜艇工程在暂停数年后重新启航。为了重启征程，彭士禄和战友们一往无前、劈波斩浪！

核潜艇分攻击型核潜艇、战略导弹核潜艇两种。中国的核潜艇工程，首先选择了研制"091"，即攻击型核潜艇。

"091"究竟是采用水滴线型，还是采用常规线型？这个问题曾经过了长时间讨论，直到一九六六年十二月才尘埃落定。

中央专委正式批准了黄旭华、尤子平等设计师提出的水滴线型攻击型核潜艇首艇的设计方案，并明确要求：第一艘核潜艇，于一九七〇年下水试验。

为了核潜艇如期下水，黄旭华、尤子平带领的设计团队来不及庆祝设计方案通过，就马不停蹄地投入到夜以继日的设计、研制工作中。

与此同时，核动力装置（即核反应堆）问题的解决，也迫在眉睫。核潜艇是一个构造原理极为复杂的庞然大物。一艘核潜艇，除了数个舱室、几十个既独立又相互连贯的系统、数百台设备、上万个零配件、百余公里长的管线之外，还有一个类似人的心脏的、最核心的、技术最难的部分，就是核反应堆。彭士禄、赵仁恺带领的核动力装置工程设计组，正是负责解决核反应堆难题的团队。

"091"首艇下水日近在眼前，核动力装置陆上模式堆设计研发必须加紧步伐，往前推进。这时，彭士禄提出建立核潜艇陆上模式堆，先在陆上搞一个与首艇一样大小的核堆，可称为"陆堆"，成功之后再装到艇上。

对彭士禄提出的这个方案，当时的争论十分激烈，比争论是采用水滴线型，还是采用常规线型艇身的激烈程度，有过之而无不及。

要知道，在中国核潜艇研发初期，国防科委提出核潜艇研制方针——"以堆为纲，船、机、电、弹紧跟上"，可见中国核潜艇的研制历程是以核动力反应堆的研制为核心的。建立陆上模式堆可不是"纸上谈兵"，更不是摆"家家酒"，而是实实在在地建立一个核反应堆。如果出现任何一点儿差池，后果不堪设想！彭士禄也深知，这是一场"生死之战"，但他没有丝毫退缩。

陆上核动力装置工程项目初始就寸步难行。直到一九六八年夏天，核动力装置的主厂房基坑还未建成，距离中央专委要求的首艇下水日却仅剩二十个月！在很短的时间里，他们顶住了千钧压力，齐心协力，完成了七百多份图纸资料，进行了技术革新和设备改造。拧螺丝、接线头、在焊接反应堆压力壳和基座的两百度高温下交流工作，是彭士禄和战友们、工人们的日常……

经过一年多的辛勤工作，核动力装置陆上模式堆好不容易到了安装环节。初次试装时，燃料元件竟然装不进吊篮里，有些人气冲冲地提出要退货。彭士禄告诉大家，现在退货已经来不及了，他要求质检人员检查分析原因，找到抢救的办法。原因找到后，他马上组织了一支十二人的紧急修理队，用研磨棒研磨吊篮里的栅格孔。十二个人轮番上阵，研磨的过程中，有的人的手都变得血肉模糊。经过十五个日夜的奋斗，这个难关终于攻破了！最后，近万台（件）设备、管道、电缆仅用了半年的时间就完成了全部安装任务。

"我不懂核，P不懂船，我们来个软科学综合。我们派出两百多人，到陆堆去'种菜'。'地'是人家的，'菜籽'是人家的，我们只是按总体要求去'种菜'。这是一种像绿色生命诞生一样的综合。某某年于某某地，经周总理批准'起堆'，我们的陆堆超过了临界，成功了！世上最美味的菜，也没有这'原子菜'的滋味美啊！我这个人从来不失眠，可那天晚上，我失眠了。我很钦佩P的卓越才能……"

黄旭华回忆当时的场景，由衷赞叹："我很钦佩P的卓越才能，还有我们整个工程的具体组织者Y少将及这个工程的办公室主任C，他们都做出了'父亲'式的贡献。广而言之，所有参加这个工程的人员都是导弹核潜艇之父。""如果说,一定要给这个工程找出一位'父亲'的话,P同志就是一位。他解决了核堆的问题。"

# 不怕拍板的"彭拍板"

新中国任何一项重大科研工程的突破,都极其艰难地克服了各种问题。彭士禄和他的陆上模式堆试验也不例外。其间,彭士禄敢于担当、舍我其谁的胆魄与精神令人无比钦佩,这里讲两个小故事吧。

有一次,他外出寻找试验材料,偶尔在一份外国杂志上看到一张美国核潜艇动力主泵的照片。顿时,他眼前一亮,喜出望外。这张照片还配有一行文字说明,这个动力主泵是全密封结构的。那些天,他恰巧在反复研究我们自己的动力主泵结构。

"看来,我们的思路没错!我们的核潜艇动力主泵,应该也是全密封的结构,而且必须做到滴水不漏，方能万无一失！"当晚，他就趴在旅馆的小桌子上，兴奋地画起了主泵的草图。

回去后，他把自己偶然的发现讲给了团队同事们，主泵设计方案获得了大家一致赞同。

然而，当时我们国家的工业技术水平有限，能够按要求做出一个百分之百密封主泵的工厂，实在是太难找了！找遍了大江南北，好不容易在东北找到了一家技术最符合要求的工厂，但是这家工厂做出来的用来包裹全密封主泵的外壳，依然达不到图纸上的要求。

也难怪呢！当时还没有计算机控制系统，所有制作环节全靠熟练的技术工人手工控制，所以那个泵壳的受力、耐温等指标，很难做到像计算机控制的那样精确。也就是说，这时候，要想获得一个如彭士禄所设计的那样完美的、精确的全密封主泵外壳，是不现实的。

中央专委下达的首艘核潜艇的下水时间已经板上钉钉。在这种情况下，该怎么办呢？

大家都坐在东北那家工厂的会议室里，眼前摆着一台技术工人费尽九牛二虎之力做出来的主泵外壳的样机。

几十双眼睛正齐刷刷地盯着彭士禄。

是准许出厂，还是不准出厂？

会议室里的气氛凝重，安静得好像连一根针落地的声音都能听得见。最终，彭士禄清了清嗓子，打破了凝重的气氛，说："你们不用担心，假如因为技术指标出问题，责任追究起来，毫无疑问，非我莫属。"

接着，技术人员也给大家分析道："技术指标是定得太高了，因为一开始怕出问题，所以我们在技术的保险系数上一再加码，结果成了一个在现有条件下无法完成的指标。"

彭士禄说："保险系数定得高，不是坏事。我们的技术工人师傅，已经尽自己最大的努力了。"

听到这里，所有人都松了一口气。

"谁签字出厂？"有人问道。

彭士禄语气坚定地说："我来签，出了问题我负责。"

最后，彭士禄在出厂单上签了自己的名字，以示承担全部责任。这需要多么大的胆魄和担当！

后来事实证明，彭士禄的判断是正确的，这个全靠肉眼和手工来完成的主泵外壳"十分争气"，并没有出现什么问题。一来二去，彭士禄"不怕拍板，不怕拍错板"的声名远播，大家就亲切地称呼他"彭拍板"。对于这个绰号，彭士禄说："我有幸被'美誉'为'彭拍板'。凡事有七分把握就'拍'了，余下三分通过实验去解决。这属于本性难移，急性子。科研人员最珍惜时间，时间是生命，是效益，是财富。有些问题只有赶快定下来，通过实践再看看，错了就改，改得越快越好，这比无休止地争论要高效得多。"

作为核动力科学家，彭士禄不仅拥有敢于拍板的勇气，更拥有过硬的专业能力来支撑他的决断。

还有一次，他在进行核反应堆一回路压力设计时，发现在之前的一个方案里，有一个主要参数定为两百个大气压。

彭士禄一看到这个参数，就敏感地察觉到有问题。

"彭总，这个参数应该不会有错。"

"有什么依据？"彭士禄问道。

"这个参数参考了苏联的核动力船舶设计资料。"

"那也不能迷信他们。"

彭士禄分析了可能出错的原因,坚持要重新论证这个参数,最后由他拍板决定,选取了一个更为精准的反应堆一回路的压力参数。

几个月后,彭士禄和几位技术人员发现,苏联方面也证实了两百个大气压的数据有误。

"幸亏彭总火眼金睛,及时地发现了这个错误,堵住了漏洞,否则后果不堪设想!"这时,大家不禁都倒吸了一口凉气!

彭士禄的同事、热功专家黄士鉴,也曾幽默地评价过彭士禄的专业水准:"他能从堆芯一直推算到螺旋桨!"

一九七〇年七月十八日,启堆终于开始了。试验大厅静得出奇。彭士禄全神贯注地盯着中央控制台上一排排的仪表和按钮。核反应堆的功率缓缓提升,核反应堆主机的马力逐渐增加。

"有情况,彭总,脉冲管发现漏水!"

"立刻停止试验,进行检修!"彭士禄回答。

经过仔细检查，几天后提升功率的试验重新启动。

"报告，彭总，出现停堆信号。"

彭士禄皱起了眉头，我们没让它停堆，它为什么停了呢？如果控制失灵可就不妙了。他思考着、分析着——原来停堆信号太多了，安全警戒点太频繁了。彭士禄和同事们商议后，果断采取了一个大胆的措施，切掉几个无关大局的信号！后来的试验证明了这个决定是多么正确、果断。

历经磨难，八月三十日，主机满功率试验终于准备启动。试验能否成功？每个人都悬着一颗心。毕竟前面所有试验，主机功率最高达到满功率的百分之九十，就再也上不去了。

百分之五十、百分之九十、百分之九十九点四、百分之九十九点五……功率越来越高，信号灯忽明忽暗，仪表上的指针颤动，管道轰鸣声越来越大，控制室在震动！离成功只有一步之遥，是停堆，还是继续往上推功率？所有人都担忧地看向彭士禄。

彭士禄思考片刻，坚定地说："继续往上推功率，如果出了问题，我负责。"

这一"拍板"看似大胆，却是彭士禄基于其充足的实践经验和过人的胆识，判断出强烈的轰鸣声其实是由于共振现象才产生的，而他要求团队提升功率正是为了快速离开共振点。彭士禄成功"解除"了谁也没有见过的"危机"，核反应堆主机真的达成了满功率指标。这意味着，新中国第一艘核潜艇的"心脏"，开始跳动起来了！

正是被彭士禄骨子里的自信与担当所感染，被他过硬的专业能力所折服，团队里的科研人员放下顾虑，前赴后继，终于在一九七〇年如期将核动力装置研发出来。

那一刻，彭士禄和他的战友们紧紧地拥抱在一起。

西南巍峨的群山风涛阵阵，仿佛也在为他们鼓掌致敬……

# "长征一号"核潜艇

"核潜艇,一万年也要搞出来!"

当时,党和国家领导人都深知,核潜艇的科研难度非同一般。但对待这个问题,从来都不信邪的毛主席立下了雄心壮志。

"一万年太久,只争朝夕。"

中华儿女什么时候害怕过?什么时候屈服过呢?从一九五八年开始,核潜艇研制工程几经周折,不知不觉已经走过十几年风风雨雨的征程。

一九七〇年八月三十日,与首艇1:1大小的木质艇陆上模式堆启动试验,实现了满功率的运行。

一九七〇年十二月二十六日,是一个载入新中国国史的、激动人心的日子!中国第一艘核潜艇

（这艘核潜艇后来被正式命名为"长征一号"），像一头身躯庞大的蓝鲸，在大家的注视下，缓缓地启碇了！

这一天，恰好也是毛主席诞辰。核潜艇工程的参与者们，特意在潜艇指挥台正上方悬挂起一幅毛主席的画像，好像是在用这种方式向领袖汇报——"核潜艇，一万年也要搞出来！"的梦想，伟大的中国人民仅仅用了不到十三年就把它变成了现实！

我国第一艘核潜艇属于鱼雷攻击型核潜艇，艇身长度一百米左右，宽十米，排水量为五千吨左右。与常规潜艇相比，核潜艇的下水过程，缓慢又复杂，要经过"起艇—前行—上浮箱—横移—起浮"等严格规定的程序。

多少双眼睛含着热望、期待和祝福，目送着"巨鲸"，缓缓地朝着幽蓝的大海深处游去……每一颗忐忑的心，都快要提到了嗓子眼儿。

从上午宣布下水仪式开始，到最后一个程序结束，整整一个白天过去了……

夜色降临，星星一颗又一颗地闪耀在大海上空。

"长征一号"核潜艇

随着最后一个程序的完成，核潜艇完美地浮出了海面，这意味着我国第一艘核潜艇水下全航满功率试验获得了成功！这时，总指挥张金麟眼含热泪，大声宣布：

"我国第一艘核潜艇，下水试验成功！"

多不容易啊！这艘核潜艇的整个艇身有四万六千多个零部件，一千三百多种各类材料，每一部分都是国产的，甚至没有用到一颗外国的螺丝钉！在温饱都难以满足的年代，在没有任何外国专家援助的条件下，我们的科研工作者仅用不到十三年的时间，就完成了国外要用几十年才能研制出来的东西！

彭士禄、黄旭华、赵仁恺、尤子平、张金麟……这些并肩奋斗了十多年的同事、战友和兄弟，在夜幕下激动地拥抱着、跳跃着、欢呼着，有的在悄悄擦拭着止不住的热泪……

核潜艇的试验成功，也标志着中国从此成为世界上第五个拥有核动力潜艇的国家。

这艘核潜艇在经过初次下水后，又经过多次下潜试验，于一九七四年八月一日正式编入中国人民海军的战斗序列并被命名为"长征一号"。

凡是正式入列中国人民海军服役的各类舰艇，在建造或入列时，都会拥有一个三位数字的统一编号，作为"舷号"。这个舷号会醒目地标在舰艇两舷水线以上的位置。"091"攻击型核潜艇首艇的舷号是"401"。

四十多年后，"长征一号"核潜艇完成了自己的使命，在经过一系列严格的"去核化"处理后，光荣地离开军港，正式退役。

今天，它已成为中国人民解放军海军博物馆里的一件镇馆之宝。这头"巨鲸"的四万多个零部件，仿佛依然在无声地向人们讲述着它曾经的艰难、光荣、使命和梦想。

一九八二年，还发生过一个有趣的小插曲。美国海军上将、核动力科学家海曼·乔治·里科弗应邀来我国访问。因为设计、研制了美国第一艘核潜艇"鹦鹉螺号"，里科弗被称为"美国核潜艇之父"。里科弗心里一直有个疑问：为什么中国能在那么艰苦和简陋的条件下造出核潜艇？所以他很想亲眼看一看中国的这艘核潜艇。

然而，里科弗的一个笔误，错失了参观"长征一号"核潜艇的机会。结果，他最终没能看到中国第一艘核潜艇的模样。

除了没能参观中国核潜艇外，里科弗还有另外一个遗憾。临上回国的飞机时，他说："你们的'真神'没有出来，就像两颗彗星没有相遇。"他口中的"真神"，指的正是彭士禄。

而当时，彭士禄正在南方，领导开拓中国全新的核电领域……

# 核电之光

奋斗者的梦想与快乐，永远在祖国最需要的地方；奋斗者跋涉的脚步，也永远不会停止。

一九七〇年，彭士禄四十五岁，年富力强。凝聚着他和无数战友梦想与心血的第一艘核潜艇胜利入海之后，他的目光很快望向了远方。

核电，这也是深藏在彭士禄心中的一个梦想：我们已经拥有了原子弹、氢弹、核潜艇等国防重器，假如我们也能把核动力从国防转向经济建设上，建起我们自己的核电站，该有多好啊！

一九七二年，彭士禄到上海参加"728工程"讨论会，可以视作他从核潜艇领域向着核电领域迈进的第一步。

"728工程"是个什么工程呢？

一九七〇年二月八日，周恩来总理面对当时华东地区经常缺电的状况，特别指示：要解决华东地区用电问题，要搞核电。周总理又叮嘱二机部的负责人："二机部不能光是爆炸部，还要搞原子能发电。"

于是，中国的第一个核电工程秦山核电站，就以周总理最先提出建设核电站的日子——一九七〇年二月八日命名，称作"728工程"。

有人说，正是从这儿开始，中国进入了"铸剑为犁"、和平利用核能的新纪元。中国的核事业开始从"核盾"渐渐转向"核电"。

在"728工程"讨论会上，核电站堆型是选择熔盐堆还是压水堆的问题成了争论的焦点。当大家举棋不定时，彭士禄力挺压水堆建设方案，他说："熔盐堆技术不成熟，一旦出问题，堆芯凝固，就再也没法启动了！我们核潜艇采用的压水堆有设计、研制和运行的经验，'728工程'应该利用这个经验。"

他的建议起到了关键性作用。最后，讨论会确定了压水堆建设方案。中国的第一个核电工程秦山核电站一期工程在曲折中正式启动！

秦山，坐落在东海之滨的嘉兴海盐。相传在两千多年前，秦始皇东巡到达此地观望大海，临走时命丞相李斯刻了一块歌功颂德的石碑，立于山上作为永久纪念。后人把这座山称为"秦山"。当然，秦始皇也不会料到，两千多年后，中国第一座核电站会建在这座秦山之上！

继秦山核电站之后，广东省也提出了发展核电的构想。国务院安排彭士禄主持广东核电建设指挥部工作。

大亚湾，位于广东省东部惠州的红海湾与大鹏湾之间，是中国南海的一个重要海湾。大亚湾北靠海岸山脉，东西两侧分别依偎着平海半岛、大鹏半岛，海岸轮廓曲折多变，形成近岸水域"大湾套小湾"的安全、隐蔽地形，既没发生过地震，也没有台风侵袭。

除了地理优势外，建设核电站需要的冷却水源充足，淡水资源也非常丰富。这里距离香港约五十公里，距离深圳约四十公里，住户稀少，居民搬迁工作也比较容易……

一九八三年二月，五十八岁的彭士禄出任广东核电建设指挥部总指挥，并带领参加过核潜艇工程的十名核专业的技术骨干，来到他出生和成长的南方，进驻了广东大亚湾。彭士禄和承载着他的新团队、新梦想的大船，就从这个美丽的海湾开始启航了！

彭士禄少年时代在当小游击队员时，有一位小伙伴名叫袁庚。后来，袁庚在深圳蛇口担任重要职务。为了帮助彭士禄，袁庚把自己的办公地点腾了出来，让彭士禄把自己的指挥部和全体人员搬到了蛇口。

当年的两个游击队小伙伴，又成了建设大军中相互扶持的战友。两人的战斗情谊和奋斗故事，也深深感动和鼓舞着彭士禄团队里的年轻人。

每到夜晚，彭士禄小屋闪烁的橘黄色的灯光，就会吸引许多年轻人来。他们聚集在灯光下，有时会静静地听彭士禄讲述自己在延安、在苏联的经历，有时也会一起讨论，甚至争论核电方面的新课题。

一个夏夜,大家为了一个问题,在彭士禄的小屋里争论不休,已近午夜时分,仍然没有争论出结果。

彭士禄握起双拳,轻轻捶了捶自己的后背,笑着说:"我看大家都没有睡意,不如一起到海边吹吹海风,让大脑清醒一下吧!"

年轻人纷纷响应,一起来到了星光闪烁的海滩上。

弯弯曲曲、朦朦胧胧的海岸线,在夜色里显得妩媚多姿。远处,飘忽着一星半点未眠的渔火。

海风吹拂着彭士禄有些泛白的头发。"多美的海湾啊!这里是我的家乡,也是祖国的一部分,我们有责任把它建设得更美好,有责任让我们的子孙后代享受到核电带来的福利……"

# 无愧于先辈

彭士禄有两句口头禅,他的同事和战友们都耳熟能详。一句是"国家给我的太多了",另一句是"我虽姓'彭',但我心中永远姓'百家姓'"。

这两句话表达了他的心声:对培养他的祖国和养育他的人民,他永远怀着一颗感恩的心;无论付出怎样的努力,他都觉得不足以报答祖国和人民对他的恩情。

他把这份感恩之情化作毕生的行动指南:祖国需要什么,人民需要什么,他就努力去学什么、做什么,无私无畏,无怨无悔。

回顾在大亚湾拓荒核电事业的那些岁月,彭士禄说,为了国家建设事业的需要,他像年轻时一样，发奋学习新知识，掌握新本领：一是懂得了一些经济学知识，做到了与时俱进；二是潜心验算了法国核电的主要参数，为我所用；三是学到了一些管理学知识，成了一位大型工程的领导者和管理专家。

正因为他拥有了这些新知识、新本领，一位外商向我们国家的一位领导人"诉苦"说："我们与贵国谈判，遇到最难的对手是彭先生，因为他技术、经济、管理样样都懂，太强了！"

彭士禄却笑着对朋友说："还不是让外国人昂贵的技术和设备'逼'出来的嘛。"

一九八四年，彭士禄的夫人到大亚湾来看望丈夫，一位高层领导希望她能劝一劝彭士禄，做事不要太急，毕竟他已是年近花甲的人。

夫人向彭士禄转达了领导的话，说："人家这都是好意，是关心你的身体哪！"

彭士禄听了，却不以为意地说："好意是好意，但这对我来说意义不大。你来到这里，难道没看到那条标语吗？'时间就是金钱'，不拼能行吗？"

原来，他经过计算发现：大亚湾核电工程每耽误一天工期，国家就会损失一百万美元。二十世纪八十年代初，我们国家还处在改革开放初期，经济并不富裕，他是心疼啊！

"光顾着快，万一出了问题怎么办？"

"做一百件事，错了五件，还有百分之九十五的成功率。如果怕出问题，什么也不干，那一件事都做不成。"

彭士禄也常对同事们讲，要尽快把大亚湾核电站建好，彻底终结广东"停三开四"[①]的历史。

一九八六年，彭士禄六十一岁。这一年，他又受命调到国家核工业部担任总工程师，兼国家科技委第二主任，并负责秦山核电站二期工程的筹建。

继大亚湾核电站之后，他又把全部的心血和汗水倾注在了东海之滨的秦山核电站二期建设上。

假如，后人想推出一位"中国核电之父"，我想，彭士禄应该是不二人选吧？

不过，彭士禄自己从来都不认可"之父"之说。他一生坚守的是"干惊天动地事，做隐姓埋名

---

① "停三开四"，是当时人们形容广东经常停电的一句俚语。

人"。他说:"作为共产党员,国家交给我的任务只有尽全力做好,没什么'之父'之说。我充其量就是核潜艇上的一枚螺丝钉。"

一九九四年,六十九岁的彭士禄当选为中国工程院首批院士。

二〇〇五年,彭士禄被授予"中国工程院资深院士"称号。

二〇一五年,在彭士禄迎来九十寿辰的日子里,他获得了一枚由中共中央、国务院、中央军委颁发的"中国人民抗日战争胜利70周年纪念章"。

捧着这枚金光闪闪的纪念章,他的心飞回了少年时代的那个暑假,他和堂弟偷偷离开香港,辗转奔向惠阳山区,参加东江纵队抗日游击队的日子……

二〇二一年三月二十二日,中国核潜艇领域的开拓者和奠基者之一、中国核潜艇第一任总设计师彭士禄在北京逝世,享年九十六岁。

遵照他的遗愿,八天后,他的亲人、同事、战友和学生们,把他的骨灰缓缓地撒进了大海——他为之"深潜"和奋斗了一生的祖国蔚蓝色的国土。

蓝色的大海上，回响着他喜欢的那首深情而豪迈的《英雄核潜艇》：

> 大地上看不到我的身影，
> 蓝天下不会与你相逢。
> 你不会知道我在哪里，
> 我在大洋深处默默潜行。
>
> 波涛中我有钢铁的意志，
> 英雄的自豪激荡在心中。
> ……

这一年，也是全国人民隆重庆祝中国共产党成立一百周年的日子。五月二十六日，中共中央宣传部向全社会发布了彭士禄的先进事迹，并追授他"时代楷模"称号。

有人把彭士禄的一生，提炼成了三句话：

一个理想——为祖国的需要贡献一切；

两件大事——造核潜艇，建核电站；

三个心愿——一是期盼祖国早日拥有强大的核

潜艇力量；二是期盼祖国早日成为核电强国；三是期盼祖国早日实现中华民族伟大复兴，早日圆了老百姓过上幸福生活的中国梦。

彭士禄自己也曾说，他这一生只干了两件事：造核潜艇，建核电站。他还说过："如活着能热爱祖国，忠于祖国，为祖国的富强而献身，足矣！"这是他留给后人的朴素而真诚的心声。

他是彭士禄，是中国核动力事业的拓荒者、共和国脊梁，也是最美奋斗者。他的一生，无愧于一门忠烈，无愧于为祖国抛头颅、洒热血的先辈，更无愧于培养了他的党、国家和人民。